中等职业学校公共素质教育系列教材

"以先进企业文化为导向的职业院校
职业素养课程开发研究"课题成果

U0659615

心理健康教育

XINLI JIANKANG JIAOYU

伍新春　乔志宏　主　编

北京师范大学出版集团
BEIJING NORMAL UNIVERSITY PUBLISHING GROUP
北京师范大学出版社

图书在版编目(CIP)数据

心理健康教育/伍新春，乔志宏 主编. —北京：北京师范大
学出版社，2008.8(2025.7重印)

ISBN 978-7-303-09453-0

Ⅰ．①心…　Ⅱ．①伍…②乔…　Ⅲ．①心理卫生-健康教
育-专业学校-教材　Ⅳ．①G479

中国版本图书馆 CIP 数据核字(2008)第 119898 号

XINLIJIANKANG JIAOYU

出版发行：北京师范大学出版社 https://www.bnupg.com
　　　　　北京市西城区新街口外大街 12-3 号
　　　　　邮政编码：100088
印　　刷：北京虎彩文化传播有限公司
经　　销：全国新华书店
开　　本：787 mm×1092 mm　1/16
印　　张：13.25
字　　数：245 千字
版　　次：2008 年 8 月第 3 版
印　　次：2025 年 7 月第 22 次印刷
定　　价：23.00 元

策划编辑：姚贵平　　　　　　责任编辑：姚贵平
美术编辑：焦　丽　　　　　　装帧设计：焦　丽
责任校对：陈　民　　　　　　责任印制：赵　龙

致同学

在我十五六岁的时候，有许多问题深深地困扰着我。那时候，面临高考的压力，学习十分紧张。在这种情况下，我本该认真努力地完成功课以应付高考，却经常控制不住地把大量时间"浪费"在与人聊天、与父母和同学闹别扭、毫无目的地闲逛以及单相思上面。这种状况自然使得学习效果不佳，使我对自己很不满意。我总是不停地自责，花不少的时间来问自己："我到底是个什么样的人？我是个懒惰的人吗？我是个没有进取心的人吗？我是个很难相处的人吗？我有什么特点和长处？难道我真的一无是处吗？"这些想法常常让我有一种负罪感，不知道有谁可以帮助我。

在参加工作多年后的今天，我不再认为上述问题不该存在，也不再认为学习应该是我们生活的全部和唯一。认识自己的特点，接纳自己的缺憾，调节自己的情绪，掌控自己的行为，与父母和同学和谐相处，学会与异性正常交往，明确自己的职业能力和态度，享受丰富多彩的青春生活，是与学习同样重要的内容。回顾自己的成长历程，我深深地认识到：思考和尝试这些事情并不是浪费时间，而是正常生活中必不可少的一部分。

然而，承认这些问题存在的合理性，并不等于问题已经解决。相反，这些问题对于今天的你们来说，可能仍然是问题。认识自我、体验自我和调控自我，学习人际沟通艺术、把握朦胧的青春情感、发现自己的学习兴趣和动机、掌握有效的学习方法和策略、规划自己的职业生涯、进行个人生活管理等，仍然是青少年朋友们面临的重要发展任务。在这个阶段，如果能从容应对这些挑战、完成这些发展任务，我们就能以一个成功者的姿态进入人生的下一阶段。

本书的各位作者拥有多年从事心理健康教育和研究的经验，并长期关注中等职业学校学生的发展。为此，我们运用心理学的基本原理，从同学们的需要出发，编写了这本《心理健康教育》（学生用书）教材，它主要包含上面提到的自我、人际、学习、生涯等几个方面的内容。我们希望同学们能通过这门课程的学习，掌握完成这些任务的战略与技巧，为你们的长远和可持续发展提供力所能及的帮助。

从心理学的观点来看，对于某一观点仅仅了解是不够的，要想完全掌握它，必须身体力行地去实践，才能将之转化为内在的自觉行为。因此，本书在提供必要的心理学原理的同时，更注重实际的体验和行为的训练。本书每一节的内容都由"心灵故事""心灵智慧""心灵训练"和"心灵拓展"四部分组成。"心灵故事"中所选的例子，都是青少年朋友生活中的真实案例，以此引起大家的思考；在"心灵智慧"部分，重点介绍相关心理学原理与专家观点，让同学们了解这些事件背后的深层规律所在；"心灵训练"的目的，是为大家提供一个在课堂中进行练习和体验的机会，让同学们学习掌握新的行为模式，改变原有的处理问题的方式方法；在"心灵拓展"模块里，则给出了实践要求，希望大家把在本课程学到的知识、策略、方法应用到现实生活中去。

衷心希望大家通过这门课程的学习，确实对个人生活有所帮助，对个人行为有所改变。当然，我们也知道，我们所提供的不是包治百病的灵丹妙药，也不可能完全适用于每一个人的每一个问题。但是，我们希望这本教材确实能够为大家提供一种正确的思路，给予一些热切的关心与鼓励，展示一种行之有效的方式方法。

在人生的成长路上，相信你已经经历了很多的风风雨雨，体验了成长的欢乐与辛酸。回首过去，你也许会因为曾经的失败与痛苦，而将自己归为能力低下的一群，对自己毫无信心；对于前途，你或许黯然神伤，或许茫然不知所措。不过，你要牢记，风雨过后，便是彩虹。我们相信，每个人都有独特的价值与力量潜藏在内心深处！一时的困苦失意可能蒙蔽我们的眼睛，让我们看不到生命的意义和美丽、看不到我们所蕴藏的巨大潜能，但是，"风物还须放眼量"。对生活我们需要这种态度，对自己同样也需要这种态度。只要你仍然用信心和努力，继续勇敢地面对生活的挑战，不放弃、不气馁，善于学习，总结经验教训，运用更为积极乐观的行为模式，相信你最终一定能够赢得你想要的成功、体验你想要的幸福，并逐渐迈向成熟和完善的自我。

真心希望你们在三年的中等职业学校的学习和生活中，圆满地完成这个阶段的发展目标，成长为一个理性、成熟、自信而富有创造力的年轻人，为自己人生的更高发展奠定坚实的基础。

诚心希望这本《心理健康教育》（学生用书）教材能够对你们有所助益！

衷心地祝福你们拥有一个美好、快乐、幸福、成功的人生！

伍新春
北京师范大学心理学院
2008 年 5 月 25 日

目 录

第1单元

心理健康——人生幸福的基石

主题1 心理健康的含义与标准

心灵故事

郭欣是某中职学校烹饪专业的学生。由于受到身为厨师的父亲的精心教育，在进入中职学校之前，郭欣的厨艺底子就很不错。进入中职学校这个更大的舞台后，郭欣一方面有机会向更多的厨艺高手学习，实际操作能力大大提高；另一方面也积累了更加丰富的理论知识，对很多东西从"知其然"提升到"知其所以然"。看着郭欣飞速的进步，班主任老师喜在心里。2008年6月全国中等职业教育技能大赛在天津召开，班主任老师极力推荐郭欣代表学校参赛，为学校争取这项殊荣。

郭欣知道老师的殷切期望后，深感责任重大。郭欣深知，自己虽然在同学中算是厨艺方面的佼佼者，但在全国大赛的赛场上，要想不给学校丢脸，并给学校争取荣誉是不容易的一件事！于是，郭欣打算背水一战，拿出十足的精力加紧训练。令老师和郭欣自己都始料未及的是，随着大赛日期的临近，郭欣的技术反而出现了退步的趋势，在烹饪时经常分心，导致用料不准等比较严重的错误。在训练之外，郭欣还经常胸闷、食欲不好、喉咙发紧、失眠多梦。到校医务室检查后，医生告诉郭欣他并没有生病。在详细了解郭欣最近的生活状况后，医生推测郭欣得的是"心病"，并建议她到校心理咨询室寻求帮助。

你认为郭欣的"病"是什么原因导致的？读完这个故事，对你有什么启示？

_____

_____

_____

黎阳和姜鹏是某中职学校的同班同学。黎阳是一个挺懂得用巧劲儿学习的学生，在学习的时候他勤奋认真、注重效率，学习之余他也能放开手脚地玩儿。黎阳的兴趣爱好比较广泛，羽毛球、游泳、象棋都挺有一手，与很多同学都能打成一片。同学们说到黎阳的时候，都评价他是一个乐观豁达、充满爱心、认真踏实的人。再说黎阳的同学姜鹏，就没有这么好的人缘了。其实，姜鹏也是一个勤奋学习的学生，只是好像他的学习效率不高，以至于需要花费很多的时间和精力才能学好。姜鹏显得比较孤僻，不太爱跟同学说笑，遇到和同学有冲突的时候，情绪特别容易激动，所以同学们都对他敬而远之。中职学校的课余生活比较丰富，但姜鹏却很少参加，同学们经常可以在校园里看到他孤单的身影。

你认为黎阳和姜鹏谁更加健康？为什么？

_____

_____

_____

心灵智慧

通过"心灵故事"中的两个案例，我们对健康有了一些直观了解。事实上，我们每个人对健康都不陌生，也都很重视，因为没有健康的生命是残缺的，没有健康有再多的金钱也无福消受，没有健康也就没有了事业，没有健康怎么会有理想的爱情……没错！健康是每个人生命中最宝贵的东西。但是，什么是健康呢？你可能觉得这个问题太简单了，甚至会脱口而出：健康，就是有一个好身体呗！

确实，很多人都认为健康就是指拥有一个好的身体。但你是否想过，如果没有心理健康只有身体健康，我们同样无法享受美好的人生，同样不会有事业，同样无法获得理想的友情和爱情。为此，世界卫生组织（WHO）认为健康的标准，除了身体健康外，还包括心理健康和社会适应良好，只有符合上面所有标准，一个人才称得上是健康的人。

躯体的疾病我们很容易觉察，比如打喷嚏了，我们会想可能我着凉了，加件衣服吧，别感冒了；突然之间的腹部剧痛，我们会想可能是盲肠炎，快去医院吧；觉得头疼脑热，很多人会给自己量体温，看是否发烧……总之，一般性的躯体疾病都会伴随一定的症状，这些症状会提醒我们要及时去医院，然后医生会根据你的症状诊断病情，并作出相应的处理。而心理疾病的症状，在起初往往会被人们忽视，比如抑郁症的起初可能只是表现为嗜睡，焦虑症在刚开始也只是让人觉得这是个特别紧张烦躁的人……而由于长期以来对心理健康的不重视，往往让我们在出现心理问题的时候，告诉自己只是心情不好而已，过几天就会好的。事实上，心理健康和身体健康一样，是需要大家关注的；也同样，在刚出现问题时就加以注意，会获得更好的效果。在上述案例中，郭欣身体没有问题，但心理出了问题；黎阳和姜鹏身体素质可能相当，但黎阳心理更健康。

专家看点

那么，到底什么是心理健康呢？现代心理学的研究表明，心理健康包括两层含义：第一是没有心理疾病；第二是指一种积极发展的心理状态。"没有心理疾病"是心理健康的最基本条件；"积极发展的心理状态"则是指在适应环境的同时，努力改造环境，不断完善自我以促进心理健康，使心理处于一种最佳状态。当然，对于我们广大青少年学生而言，我们所追求的心理健康绝不能停留在"没有心理疾病"的水平，而应尽可能地使自己的心理处于一种"积极发展的状态"。

那么，这种积极发展的心理状态都包括哪些内容呢？我们可以用哪些标准来评价自己和他人的心理健康程度呢？参照国内外心理学家对心理健康标准的一般论述，并结合中职生的实际情况，我们认为中职生心理健康的标准应该包含以下指标：

1. 智力正常，善于学习

心理健康的学生，能正确、客观地认识自然和社会，头脑清醒，能以积极正确的态度面对现实问题和困难，既不回避矛盾也不盲目空想。能进入中等职业学校学习的学生，智力正常应该是毫无疑问的。所以，我们不应该对自己的智力水平妄自菲薄，缺乏信心，应相信自己完全有能力学好，并且积极地探索适合自身的学习方法，不断提高学习效果。

2. 了解自我，接纳自我，完善自我

心理健康的学生，应能够体验到自己存在的价值，既能了解自己又能接受自己，对自己的能力、性格和优缺点能作出恰当、客观的评价，对自己不会提

出苛刻、过分的期望与要求；同时，努力发展自身的潜能，对自己无法补救的缺陷能安然处之。一个心理不健康的人会缺乏自知之明，由于目标定得不切实际，容易过高或过低估计自己，总是将自己陷于自傲和自卑的旋涡之中。

3. 乐于与人交往，人际关系和谐

心理健康的学生乐于并善于与人交往，能认可他人存在的重要性和价值，能与周围的人建立和睦、融洽的关系，重视友谊，不拒绝他人的关心和帮助。心理健康的学生对人保持热情、坦诚、尊重、信任、宽容等积极的态度，在新的环境中能很快地适应，与他人打成一片。在与人相处时，心中积极的情感（如友善、关心、信任）总是多于消极的情感（如猜疑、嫉妒、敌视），因而在社会生活中有较强的适应能力和较充分的安全感。而心理不健康的学生，总是与周围的人格格不入，远离集体。

在群体中，我们既要学会表达自己的思想观点，也要能够理解和接受他人的思想感情；要学会与人沟通，学会选择朋友，学会维护良好人际关系的方法。良好的人际关系能帮助我们提升心理健康的水平。

4. 性别角色分化，性心理与身体同步发展

心理健康的学生，有明确的性别意识，接纳自己的性别，能按照社会期望的性别角色塑造自己的形象。我们会逐渐了解两性关系，注意修饰打扮自己，喜欢在异性面前表现自己的阳刚之气或阴柔之美。而心理不健康的学生，对两性关系常有不正确的认识，甚至不接受自己的性别，因而常出现偏差。

5. 社会适应良好，勇于迎接挑战

心理健康的学生能面对现实、接受现实，并能主动地适应现实、改造现实；对周围事物和环境能作出客观的认识和评价，并能与现实环境保持良好的接触；对生活、学习和工作中的各种困难和挑战都能妥善处理。而心理不健康的学生往往以幻想代替现实，不敢面对现实，没有足够的勇气接受现实的挑战；总是抱怨自己"生不逢时"或责备社会对自己不公而怨天尤人，因而无法适应现实生活。

进入中职学校是人生的一个转折，也可以说是步入社会的开始。学校是社会的一个窗口，我们开始学习与社会保持良好的接触，在此过程中我们要能正确地认识环境，摆脱各种干扰，要处理好个人与周围环境的关系；要能了解社会的各种规范，自觉用这些规范来约束自己；要能动态地观察各种社会变化，以及了解这些变化对自己提出的要求，以便更好地调整自己，适应社会生活。我们既不逃避现实，也不自以为是，一意孤行。作为中职生，我们也要学会适

应环境，这首先就要求我们能够适应学校环境和中职阶段的学习生活，努力培养自己就业前必须具备的各种能力，为未来进入社会和职场作好充分的准备。

6. 情绪积极稳定

在心理健康的人心中，愉快、乐观、豁达、开朗及充满爱心等积极情绪总是占优势，情感表现为乐观而稳定，心胸开阔，对一切都充满了希望，既不为琐事耿耿于怀，也不冲动莽撞，能保持平常心。虽然也有悲、忧、愁、怒等消极情绪体验，但能够有所调整，一般不会长久处于负面情绪的控制之下。我们应该掌握情绪调控的方法，掌握适度表达、控制、调节自己情绪的技巧，做到经常保持平和或快乐的情绪状态。如果个体经常笼罩于消极情绪中，则是心理不健康的表现。

7. 人格结构完整

人格即人的整体精神面貌，人格完整是指人格构成要素的气质、能力、性格和理想、人生观等各方面能平衡发展。中职时期，正是性格逐步形成和完善的过程，健康的人格特征是有机统一的、稳定的。心理健康的人应该有决心、有恒心，不怕困难和挫折，具有积极进取的世界观、人生观、价值观，并能把自己的需要、愿望、目标和行为统一起来。

心灵训练

请判断以下说法的对错。如果你认为某种说法是错误的，请说出你的理由。
- 健康就是指身体好。
- 心理健康就是指没有心理疾病。
- 心理健康的人能对自己的优缺点作出客观的评价，并不断完善自己。
- 一个人和他人相处不好，或许可以通过心理咨询解决问题。
- 在意自己在异性面前的表现是心理不健康的表现。
- 比起心理健康的人，心理不健康的人更容易被突然遭遇的困难击垮。
- 所谓接纳自我，就是认为自己的一切都是好的。
- 心理健康的人一般不会长久处于负面情绪的控制之下。
- 正常人是不会出现心理问题的，有心理问题的人都是变态或精神病。
- 心理问题是每个人自己可以调整解决的，完全不需要接受外界的帮助。
- 中职生大多处于青春期，心理发展迅速、可塑性强。中职生产生各种各样该年龄段特有的心理困惑，是很正常的。

心灵拓展

1. 对照心理健康的标准，分析自己在哪些方面可能存在着不足？

_____

_____

2. 如果你自己出现了心理问题，你会寻求哪些人的帮助，为什么？

_____

_____

主题2　心理健康与个人的成长

心灵故事

【案发】两位老人惨死家中

2007年6月4日下午1时35分，河南新乡市公安局红旗分局小店派出所接到辖区居民李某报警，称他的母亲贾某和姥姥杨某被人杀死在小店镇家中。民警迅速赶到现场，发现54岁的贾某和其78岁的母亲杨某，被人杀死在加油站旁边的房子里。经现场勘查，民警认为很可能是熟人作案。

据被害人贾某的大儿子小涛反映，他在郑州有一个叫王恒超的同学，平常嗜好赌博，经济拮据。小涛说，他以前曾带王恒超来新乡家里玩儿过。民警对王恒超的情况作了调查：案发前，王恒超先后向同学和朋友借钱，到学校附近的电子游戏厅赌博，借款竟达2万多元。案发后，王恒超曾经到新乡市区一家诊所包扎过自己的断指，其指纹与杀人现场脸盆边的血指纹相同。

2007年6月11日深夜，专案组民警在天津市抓获了王恒超。王恒超交代了在新乡将同学小涛的母亲和姥姥杀害并抢劫2000元现金的犯罪事实。

【诱因】沉迷电子游戏赌博

王恒超16岁时，被父亲安排在郑州一家中等职业学校读书。2006年春，王恒超迷上了电子游戏。第二个学期开学，他将8000元学费也输给了电子游戏厅。随后，他欠下巨额赌债，不得不离开郑州。有一次他与小涛到其新乡的家里居住时，小涛说他家保险柜里有钱。

2007年5月24日上午，王恒超在封丘县买了一把尖刀，当天下午坐车来到新乡市。5月25日上午，他坐车来到小店镇踩点，下午他又买了一副橡胶手套，等待时机作案。5月26日凌晨4时许，王恒超翻墙进院后在受害人房门外等候。清晨5时许，当小涛的外婆开门时，王恒超用刀猛刺老人，然后又捅了小涛母亲头部和胸部十几刀。随后他把尸体拖进屋内，用沙子将大片的血迹掩盖。在杀害两位老人的过程中，王恒超右手小指受伤，在洗脸盆里洗了洗手。他从小涛母亲身上找到柜子的钥匙，搜到2000元现金后逃离。

作案后他回了家，在父母追问下，他将逃学去电子游戏厅赌博的事告诉了父母，但隐瞒了在新乡杀人抢钱的犯罪事实，并以外出打工为幌子离开新乡，逃往天津。

（摘自新浪网新闻中心）

读完这则新闻，你的心情怎么样？王恒超一步步滑向犯罪深渊的原因是什么？假如你是王恒超的朋友，在他欠下巨额赌债却仍然沉迷于电子游戏时，你可能给他什么样的帮助？假如你觉得无法帮助他摆脱对游戏的痴迷，你可能建议他寻求什么样的帮助呢？

_____

_____

_____

吴亮是某中职学校计算机技术专业一年级的学生。自从入学以来，吴亮就显得不太合群。下课时教室里总是人声鼎沸，同学们三三两两地聊天、说笑，好不热闹。每当这时，班主任董老师总是看到吴亮一个人坐在座位上，要么拿出一本书漫不经心地翻看，要么干脆趴在桌上打盹。董老师看在眼里、急在心里。她知道吴亮是从比较偏僻的农村里出来的，可能不太懂得如何与来自城市的同学交往。董老师不希望吴亮就这么孤单地度过自己的职校生活，她决定要帮帮这个老实巴交的学生。

与吴亮商量之后，董老师帮他报名参加了校篮球队。篮球队每到周末的时候都会组织队员训练或者比赛。一开始吴亮是因为不好意思不给董老师面子，抱着完成任务的心态参加的，没想到几周之后，他对篮球的兴趣与日俱增，不仅球技大大进步，还交到了不少关系不错的朋友。董老师发现，吴亮的心似乎被慢慢打开了，在班里也变得更愿意与同学交流了，原来那个一下课就不知道该干吗的"傻小子"不见了，班里多了一个爱笑的小伙子。

从吴亮的转变中，你有什么启发？是否身体健康、没有心理疾病，就能过得幸福快乐呢？参看本单元的标题，你从中领悟到了什么？

_____

_____

心灵智慧

每个人都希望自己的成长道路一帆风顺，都希望自己能够有更好的发展。这种美好愿望是很正常的！但是，"心灵故事"中的两个案例告诉我们，如果没有健康的心理，个人在成长道路上将遇到很多的阻碍，甚至会滑向犯罪的深渊。因此，对于广大青少年学生而言，我们必须接受心理健康教育。

事实上，心理健康教育的目标就是要促进个人的成长。"成长"这个词具有十分丰富的含义，概括来讲，成长就是方向正确地改变。举例来说，当我们学会了更多的知识和技能，当我们对自己能力和性格的评价更加客观，当我们的人际关系更加和谐，当我们锻炼出了更加强健的体魄，当我们的情绪更加积极稳定的时候，我们就获得了成长。不断成长的我们也是在不断地迈向幸福。从上面的事例可以看出，成长包括了知识、能力、性格、身体健康、情绪等各方面的积极变化。这里，我们将主要探讨心理健康如何增进我们的幸福感。

幸福美满是一种感觉，是一种心情。外在世界是一回事，我们的内心世界又是另一种境界。我们欢欣鼓舞、轻松愉快或者孤独苦闷、垂头丧气，并非完全由外在的事件所决定，在很大限度上，取决于我们的心理状态。心理健康，则幸福美满可能常驻；心理不健康，即使有山珍海味、金钱权势，内心仍然可能痛苦、凄凉。心理健康的人能够积极地面对一切，生活中洋溢着美满和幸福。

那么，身为中职生，我们如何让自己不断成长，不断迈向幸福的人生呢？下面就给大家介绍一些心理保健的自我调适方法，希望大家经常对照自己，合理使用。

1. 放弃绝对化的要求

我们在为人处世中要放弃绝对化要求。绝对化要求是指以自己的意愿为出发点来考虑问题，而不顾实际情况。这种不合理的信念认为某一事物必定会发生或不会发生，通常与"必须""应该"这样的词连在一起。如"我必须成功""我必须找到月薪2000元以上的工作""你应该对我好""你应该答应我"。这些要求一旦没有如愿，就会陷入悲观、苦恼和怨恨的心境。我们应该懂得，每个人都有自己的思想和个性，他人不可能无条件地服从你的意志，满足你的需求。

2. 改变消极的归因倾向

归因是人们对他人或自己的行为原因作出的推测和解释。不合理的归因是不健康心理滋生的温床。如期末成绩很差的学生如果把原因归结为运气不好或者题目太难，就不会在意糟糕的成绩，而会继续以比较懈怠的态度对待学习；如果这名学生把原因归结为自己不够努力，就会加倍鞭策自己，争取在来年取得良好的成绩。再如，某学生在路上碰见老师，与老师打招呼而老师没有反应。如果这名学生把原因归结为老师故意不理睬自己、老师对自己有意见，则会对老师心生怨恨而闷闷不乐；如果他（她）把原因归结为老师没有注意到自己，则会一笑置之，不会在心里产生消极的情绪和想法。

3. 学会"升华"

升华是指把不被社会接受或容许的冲动的能量，转化为社会所赞许的活动能量。例如，迷恋网络的学生积极学习网站制作技术，并能以此作为一项谋生的技能；爱慕某人但因为某种原因而不能与他（她）恋爱，于是把对他（她）的爱慕转化为巨大的心理动力，在各方面不断完善自己。升华能使原有的冲动得到宣泄，消除焦虑情绪，保持心理安宁与平衡，同时又创造出对自己或者对社会积极有利的价值。

4. 适时宣泄烦恼

有烦恼不是丢人的事，任何人都不可能没有产生过烦恼。烦恼来临的时候，我们不必把它憋在心里，而需要把这种消极的情绪释放出来。我们可以通过向朋友倾诉、寻求心理辅导老师的帮助等方式宣泄烦恼。

5. 适当进行体育锻炼

体育锻炼不仅能增强体质，而且有助于心理健康。对于不同的"亚健康"心理，有不同的体育锻炼"处方"供我们选择：

对于遇事紧张的心理，可以参加公开的激烈的体育比赛，特别是足球、篮球、排球等项目。因为场上形势多变，比赛紧张激烈，只有冷静沉着，才能取得胜利。"久经沙场"，遇事就不会过分紧张。

对于缺乏信心的心理，可以选择一些简单易做的事情，如跳绳、广播操、跑步等。坚持锻炼，自信心自然能得到增强。

对于优柔寡断的心理，可以多参加乒乓球、网球、羽毛球、跳高、跳远等体育活动，久练会增强果断的个性。

对于孤独、怪僻的心理，可以选择足球、篮球、排球及接力跑、拔河等集体项目，会逐步适应与同伴的交往。

对于急躁、易怒的心理，可以多参加棋类、太极拳、慢跑、长距离步行、游泳和骑自行车等缓慢、持久的项目。这些体育活动能帮助调节神经系统，增强自我控制能力，稳定情绪。

对于腼腆、胆怯的心理，可以多参加游泳、滑冰、单双杠、跳马、平衡木等活动。这些活动有助于人们不断克服胆怯心理，越过障碍。

心灵训练

1. 从心理保健的角度谈谈你对"有病治病，无病强身"的理解。

_____

_____

2. 全班同学分成6～8人的小组，分组讨论以下两个问题：

(1)当我们遇到心理困惑的时候，都有哪些解决的途径和方法？每组推举一名曾经成功地解决过自身心理困惑的代表，与全班同学分享他(她)的经验。

_____

_____

(2)谈谈我们有哪些心理保健的好方法，每组推举一名代表向全班同学阐述本组的讨论结果。

_____

_____

心灵拓展

　　全班同学分工合作，办一期《心理健康报》，以介绍心理健康知识及其对个人成长的影响为主。先选出 1 名主编和 2～3 名副主编，其他同学都是编委。由主编和副主编带领编委，通过查阅图书馆的书籍、报刊，收集网络资源等方式办出报纸。《心理健康报》办成后，可以印成若干份，分发到全校各个班级，与全校同学分享本班同学的成果。

第**2**单元

认识自我——人贵有自知之明

主题1 真实生活中的我

心灵故事

小李是北京某电子技校二年级的学生。不知怎么回事，他总是认为自己哪方面的能力都不行，常常感觉自己无论到哪儿都会碰壁。他的学习成绩很一般，学起东西来很费劲，这让他很沮丧；在与同学的交往中，他老担心自己表现得是否正确，自己说的话会不会让他人不高兴，所以总是小心翼翼地揣摩他人的意思，附和他人，生怕因为意见不同而惹怒他人——但他越是这样，越是让他人觉得他无聊，不愿与他相处。这样下来，他几乎没有什么朋友，这导致他对自己的看法更糟糕了。

在你的生活里面，有没有这样的同学？在你的身上，有没有小李的影子？你认为，小李问题的根源在哪里？

_____

_____

_____

心灵智慧

确实，每个人都希望能够体验到自己存在的价值，能与周围的人建立融洽的关系，能够处理好生活中的各种困难和挑战，能够做一个快乐幸福的人。从心理学的角度来说，要想做到这些，首先就要对自己有清晰的认识，并学会挖掘自己的潜能。

中国有句古话——知己知彼，百战不殆。也就是说，要想有所收获，其中一个重要方面就是要了解自己。每个人都渴望了解自己，对自己有清晰的认识。那么，对自己的认识都包含哪些内容？哪些因素会影响你对自己的认识呢？也许你可以从下面的内容中找到一些答案。

1. 自我意识的结构

自我意识是一个人对自己的认识，包括对自己生理状况（身高、体重、体态等）、心理特征（兴趣、爱好、能力、性格等）以及自己与周围人的关系（人际关系、自己在集体中的地位等）等各方面的认识。

自我意识是由自我认识、自我体验和自我调控三部分组成的，三者是相互联系、相互作用的。自我认识是自我意识的认知部分，它包括个人的自我感觉、自我观察、自我分析和自我评价等。个体在自我认识的基础上，产生自我概念，形成自我形象。自我体验是个体对自己的情绪、情感的体验和态度，如自尊自信或自卑自贱。自我调控包含了自我监督、自我教育、自我暗示、自我设计、自我完善等。

自我意识可以提高人的认识功能，并促进积极的自我概念形成。自我意识也能使人形成一个丰富的感情世界，并促进个体的意志发展。一般而言，最了解自己的人是自己，但是有时忙忙碌碌，很少有时间停下来想想什么是自己、自己究竟是个怎样的人？在今天的课程中，我们就与大家一起探讨自我形象的问题。

2. 什么是自我形象

人们在自我认识的基础上，产生自我概念，形成自我形象。自我形象是对自己各方面表现的看法与评价，受自身的经验和他人反应的影响。拥有良好的自我形象，人生将无往而不利。不论是学业、事业还是人际关系，没有良好的自我形象，就难以做到成功。

我们如何与人相处，与人沟通，表达自己，在相当程度上依赖于我们如何评价自己。在我们心中，有两个互相独立的"我"："主我"与"客我"。"主我"总是在观察"客我"的言行，并作出判断和评价。倘若"客我"的表现符合"主我"的要求，则二者是统一和谐的；如果二者冲突，即"客我"的表现不符合"主我"的期望，则会产生冲突，导致我们与自己相处困难。举例来说，我们在镜子中看到自己，并对自己的身高、体形、长相、穿着和表情作出评价。如果我们喜欢我们所看到的，那我们表示满意；如不喜欢，则会寻求通过运动、美容等以达到我们所满意的状态。如果我们不喜欢所看到的，却又不能改变或者不愿去改变，我们就会开始否定自己，不喜欢自己。

这种"主我"对"客我"的评价叫自我评估。自我评估是构成自我形象的重要内容。以往的成长经验可以影响到我们的自我评估，在经验中我们知道自己的特长和好恶。比如在一次演讲中，你的发言赢得了听众的掌声，你可能会因此认为自己具有较好的在公开场合发言的能力。

另外，他人对自己的反应也是形成自我形象的重要来源。如你在课堂上回答问题时，老师表扬你："你的回答非常全面而准确"，这样的评价会增强你对自己的正面看法。如果这位老师恰好是你喜欢且很尊重的，那你会更喜欢自己。类似这样的正面评语对人影响深远，负面的评语也如此。如果老师回答说："我真不知道你是怎么学的，竟然连这个都弄不清楚"，你会感觉很受打击。如果这个老师是你所喜欢的，你就会开始怀疑自己，否定自己。我们习惯用他人的评语来确认、强化或改变我们对自己的判断，他人给我们的正面评语越多，我们的自我形象就越正面，反之亦然。

每个人都经历过成功和失败，听过赞美和责备，接受过正面评价和负面评价。如果我们只注意成功的经验和正面的反应而忽视失败的经验和负面的批评，或者只注意失败和批评而忽视成功和赞美，那么我们的自我形象都会是扭曲的，不是偏向正面就是偏向负面，与事实不一致。当自我形象与真实的自我表现得不一致时，问题就产生了。

3. 自我形象的作用

心理学的研究指出，我们的自我形象会调整和指导我们的行为，它通过两种方式来起作用：自我应验预言和过滤信息。

自我应验预言是指经过自我预言，我们的自我形象逐渐开始变成真的——预言实现了，你所相信的事情变成了现实。例如，王志觉得自己非常幽默，也很热情，很容易认识新朋友。他说："今晚在联欢会上我要尽情地玩儿。"由于他相信自己有吸引力，他人会喜欢他，因此，他期待与陌生人见面，结果正如他所预料的，他认识了好几个别的专业的学生，玩儿得很高兴。而同班的阿蔷却认为自己既内向又没有什么特长，在热闹的联欢会上将过得很不自在，她对自己说："我这么难看，肯定没人愿意理我。"因为她害怕认识陌生人，她很少对他人作自我介绍，因此，正如她所期待的，晚上大部分时间她都在角落里面坐着，从一开始就想离开。

过滤信息是指我们的自我形象会选择那些强化自我形象的信息，而漏掉与自我形象冲突的信息。我们对于接受到的各种信息，经常会作这样的处理：接受符合我们对自己评价的说法，而忽略相矛盾的说法；对于不符合自我评价的信息，即便耳朵在听，但心却没听，就好像没有听到一样。比如，你制订了一份周到细致的锻炼计划，有人称赞你考虑问题很全面。但由于你并不认为自己是一个考虑问题很周全的人，所以你可能没有真正去听他的话，或者回答道："噢，这有什么，谁都能做到。"由于你对自己的评价过于负面，所以无法接受他人对自己的赞扬，从而也失去了改变自我形象的机会。但如果你认为自己是一位考虑问题全面周到的人，你会对他人的赞扬表示感谢，并再一次肯定自己的价值。

我们经常会说，某某同学其实很聪明很有才气，就是没办法发挥出来。原因在哪里呢？往往就是因为他对自己的评价过低，总是认为自己不行，不可能胜任某项任务。本来以他的能力能够通过考试，却因为老是怀疑自己，到头来变得焦虑紧张，结果自己本来的水平也无法正常展现；也有的同学对自己的评价过高，一味地自我感觉良好，完全无视自己以往的失败教训，觉得自己无所不能，最终却是一败涂地。

与自己相处良好，意味着建立正确的自我形象，既能了解自己的长处与实力、不贬低自己，也明白自己的不足与限制、不自我夸大。只有这样，才能正确地面对环境、面对他人，也才能真正拥有幸福的人生。

心灵训练

请你根据自己的实际情况，很快地完成下列20个句子。这些句子都是以"我是……的人"为结构的，请你填上中间的部分。

1. 我是＿＿＿＿＿＿＿＿＿＿＿＿＿＿＿＿＿＿＿＿的人。
2. 我是＿＿＿＿＿＿＿＿＿＿＿＿＿＿＿＿＿＿＿＿的人。
3. 我是＿＿＿＿＿＿＿＿＿＿＿＿＿＿＿＿＿＿＿＿的人。
4. 我是＿＿＿＿＿＿＿＿＿＿＿＿＿＿＿＿＿＿＿＿的人。
5. 我是＿＿＿＿＿＿＿＿＿＿＿＿＿＿＿＿＿＿＿＿的人。
6. 我是＿＿＿＿＿＿＿＿＿＿＿＿＿＿＿＿＿＿＿＿的人。
7. 我是＿＿＿＿＿＿＿＿＿＿＿＿＿＿＿＿＿＿＿＿的人。
8. 我是＿＿＿＿＿＿＿＿＿＿＿＿＿＿＿＿＿＿＿＿的人。
9. 我是＿＿＿＿＿＿＿＿＿＿＿＿＿＿＿＿＿＿＿＿的人。
10. 我是＿＿＿＿＿＿＿＿＿＿＿＿＿＿＿＿＿＿＿＿的人。
11. 我是＿＿＿＿＿＿＿＿＿＿＿＿＿＿＿＿＿＿＿＿的人。
12. 我是＿＿＿＿＿＿＿＿＿＿＿＿＿＿＿＿＿＿＿＿的人。
13. 我是＿＿＿＿＿＿＿＿＿＿＿＿＿＿＿＿＿＿＿＿的人。

14. 我是_____的人。

15. 我是_____的人。

16. 我是_____的人。

17. 我是_____的人。

18. 我是_____的人。

19. 我是_____的人。

20. 我是_____的人。

读一读自己写的 20 个句子，看看这说明了什么？在你眼中，你究竟是怎样一个人呢？

清晰地认识自己、了解自己，才能最大限度地开发自己的潜能。希望你在做完上面的游戏后，对自我有一个更加清晰的认识，肯定自己存在的价值，为自己的理想而奋斗。

心灵拓展

请记住自我意识的增强是要在不断的生活实践中去实现的，这也是我们作为一名中职生所必须探索的心理发展过程。因此，请你在学习、生活中不断地增强你的自我认知能力，不断地发展和完善你的自我，赶快行动吧！

请根据下面的自我意识探索表的提示，另找一张纸，完成对自己的探索。

	自我认识	自我体验	自我调控
物质的自我	对自己身体、外貌、衣着、风度、家人、所有物等的认识。	自豪感还是自卑感	我对自己瘦弱的体质不满意，因而我比较注重锻炼。我对自己的衣着搭配不满意，因而我常常和会打扮的同学交流……
社会的自我	对自己在团体中的名望和地位、拥有的亲友和经济条件等的认识。	自豪感还是自卑感	我对自己差劲的人际关系感到自卑，我希望得到更多人的好感并正在努力。我觉得自己很穷，因而我努力学习，希望有一个好的前途。……
精神的自我	对自己的智力、性格、气质、兴趣等特点的认识。	自豪感还是自卑感	我觉得自己兴趣狭窄，所以我努力培养更多的兴趣爱好。我觉得自己性格开朗乐观，我在人际交往中会保持这一优点……

完成以后，想一想，表中哪些地方是自己满意、希望继续保持的？哪些地方是自己不满意、希望未来改进的？在自己的表上做上记号，每天看一看，选其中的几点入手，一点一点地逐渐完善自己。

主题2   他人眼中的我

心灵故事

这是两则真实的故事：

故事一：教室里一名高二的男生在伤心地流泪，因为他已有3个科目不及格了……班主任老师走了过去，他抬头看了看老师后，用低沉的声音说："看来我是没有指望了，我太笨了……"

可是，老师却出乎意料地说："不，你能够赶上去，我知道你有能力赶上去……"

"为什么？"他问。

"因为你是个有责任感的人。"

"老师，您为什么这样评价我？"他很困惑。

"因为你在前不久的那次下乡劳动中的表现告诉了我这一点。"老师告诉他，那次下乡劳动，老师注意到他每次都一定要将自己的劳动内容全部完成后才肯收工回宿舍。如完成摘棉花的任务，即使天黑了，他仍坚持将他负责的那垄棉花地上的棉花全摘完……正是在那次劳动中他表现出来的责任感，使老师信任他能赶上其他同学。

这位老师和学校领导商议，学校决定再给这位同学一次机会，于是他又留在了原班级继续学习……最后通过自己的努力和老师的帮助，他圆满地完成了学业。

故事二：很久以前，有一位年轻人，对自己的外表、风度和衣着非常注意，自我欣赏，自以为在这个小镇上颇受欢迎。一次，他参加社交舞会时，接连向数位淑女、夫人以及服务员小姐邀舞，但是人们连看都不看他一眼。多次邀请失败使他十分尴尬，只得和律师朋友一起悄然退场。他非常困惑地问朋友：

"我今天的衣着不漂亮吗？"

朋友回答："很漂亮，很有绅士风度。"

"那么，是我今天的行为失礼了吗？"

"不是，你表现得很有礼貌。"

"那么，为什么她们都不理我，连看都不看我？"

"那是因为你平时的表现，让她们非常反感。"

"我平时怎么了？"

"你平时总是夸夸其谈，无所事事，挥霍浪费……"

"哦……"年轻人沉默了。

回到家，年轻人把自己关在屋子里，一关就是两个月。

经过两个月的反省，当他再次出现在镇上时，人们惊讶地发现他的表现判若两人。他学会了尊重、平等地对待他人；他开始注重实际而不是虚浮的表面；他用自己的力量为镇上的人们做好事。

最后，这位年轻人成为一名受人尊敬的小说家。

读完了这两则真实的故事后，你有什么感受？

_____

_____

_____

_____

心灵智慧

或许你会认为故事中的主人公都有点缺少自知之明。没错，你的分析很有道理。其实这两则故事都不约而同地提出了一个共同话题，那就是我对自己到底了解多少？这个问题是属于自我意识中的自我评价问题，而自我评价中很重要的一部分就是要客观地进行自我评价。客观评价自己的一条重要途径就是通过他人的评价来了解自己。

上述故事中的年轻人，他们的问题出在哪里呢？我们可以从以下两方面来分析：

故事一中的主人公，对自己评价太低，而且评价也不全面。他只看到了自己学习成绩不好的一方面，没有认识到自己责任感强的优点，因而导致沮丧失望。幸好，老师看到了他富有责任感的这一面，给了他机会和信心，使他最终取得了成功。

故事二中的主人公，他只用自己的眼光看待自己，不曾想过他人眼中自己的形象如何，也从未想过他的言语行为给他人留下了什么印象；另一方面，他只注重从外表上包装自己，却忽略了内在的自我反省和自我提高。

同学们也许常听到他人这样说："我很难说清自己到底是什么样的人""我想找到自己却总找不着"；有的人干脆说"就这样稀里糊涂的过吧，想多了也没有用"。但是有的人却很了解自己，能在社会的大环境中找准自己的位置，这是因为他能从亲友、同学、老师、父母等他人的眼光中先了解自己，然后再从自身寻找出自己的优点和不足，从而能自己了解并认识自己，进而发展自己。

心理学上有一个"乔韩窗口理论"认为人对自己的认识是一个不断探索的过程，从"自己对自己的认知"与"他人对自己的认知"两个角度把人的自我划分为四个领域：公开的领域，盲目的领域，私自的领域和未知的领域。其中，公开的领域指表现的领域，这部分自己了解，他人也了解；私自的领域指自己了解，他人不了解的部分；盲目的领域指他人了解，但自己却不了解的部分；未知的领域指他人不了解，自己也不了解的部分，需要作一些努力才可以激发出来。

	人知	人不知
己知	公开的领域	私自的领域
己不知	盲目的领域	未知的领域

为了了解他人知道而自己不知道的"盲目的领域"，你应该多听听他人的评价，以便结合自己主观的自我评价，获得对自己的客观认识，以提高自我认识水平。一个人"公开的领域"越大，那他就生活得越真实，在与人交往时往往会更自然愉快；一个人"盲目的领域"越小，则表示他对自己的认识越清楚，就越能扬长避短、发挥出自己的实力。

我国古代思想家墨子曾说过："君子不镜于水，而镜于人。镜于水，见面之容；镜于人，则知吉与凶。"意思是说用水作镜子，只能看见自己的长相；用他人的评价作镜子，则可以发现自己各方面的长处和短处、优点和缺点。培根也说："一个人从另一个人的诤言中所得来的光明更干净、纯粹。"因此，每个人都要积极地接收来自各方面的信息反馈，通过与他人分享私自的领域，通过他人的反馈减少盲目的领域，不断调整对自己的认识，以积极的心态促使客观全面的自我意识形成。

心灵训练

1. 优点轰炸

按10～15人一组分组，大家按小组围成一个圈，在圈中央面对面放置两张椅子。请同学们轮流坐上其中一张椅子，当有人坐好后，由其他组员依次坐在他（她）对面的那张椅子上，作为评价者说出他（她）的一个优点。

注意：

在说优点时要直截了当，如应该直接说"你的优点是……""你最好的地方是……"，而不要加上"但是"之类的转折语。评价者最好还提供这样评价他（她）的理由和依据，以加强说服力。

被评价的学生在他人评价的过程中只能听，不要谦虚推辞，可以在本子上记录下他人对自己的评价。只有在所有组员都评价过自己后，才能简单地对有些组员的误解或不恰当的评价作出解释。

2. 缺点轰炸

维持"优点轰炸"中的分组不变，大家仍然按小组围成一个圈，在圈中央面对面放置两张椅子。依然按照"优点轰炸"中的活动方式，请同学们轮流坐上其中一张椅子，当有人坐好后，由其他组员依次坐在他（她）对面的那张椅子上，但这次，作为评价者，请说出他（她）的一个缺点。

注意：

在说缺点时也要直截了当，如应该直接说"你的缺点是……""你的不足是……"，而不要加上"但是"之类的转折语。当然，评价者也最好提供这样评价他（她）的理由和依据来加强说服力。

被评价的学生在他人评价的过程中只能听，不能辩解，但可以在本子上记录下他人对自己的评价。只有在所有组员都评价过自己后，才能简单地对有些组员的误解或不恰当的评价作出解释。

3. 分享感受

两个活动结束后，每个人都可以简单地分享一下自己参加这一活动的感受。

听他人"优点轰炸"和听他人"缺点轰炸"有什么不同？

_____

_____

_____

他人给你提的优点和缺点是否都是对的？有没有一些是你原先没有意识到的？

_____

_____

_____

如果他人的意见是错误的,你该怎么办?如果他人的意见是你原先没有意识到的,对你又意味着什么?

心灵拓展

在他人的评价中,你会更加清楚地认识自己,了解自己的优势与不足。仔细检讨和反省他人给自己提的优缺点,看看其中有哪些是正确的,哪些是不正确的?有没有帮助自己缩小"盲目的领域"?

结合主题2活动中的自我意识探索,请说说:对自己改善的目标,还需要作哪些调整?请给自己写出三个需要优先自我完善的方面,作为未来行动的目标。

主题3   到底我是谁?

心灵故事

在日常生活中,我们也许有一种感受——自己是有许多种性格的。比如,有的时候,你是一个很文静的人,但在其他时候,你是一个很狂热、很有激情的人;也许在很多时候,你是一个很乐观的人,但有些时候你又很悲观;有些时候,你很自信,但有些时候你却很自卑;有些时候你感觉自己很传统,但很多时候你又很开放、很时尚……

在现实生活中,每个人都是有多重社会角色的。比如,你可能既是一名处在学习阶段的中职生,又是孝敬父母的乖孩子,同时你可能还是某某同学的好朋友,或许你还是乐于助人的好少年,甚至或许你是他人眼中的叛逆顽童……究竟,哪个才是真实的你呢?

想一想,你在生活中有些什么性格特点?你扮演着哪几种社会角色?

小王是一个学习很刻苦的学生，但就是每次考试成绩总不理想，好像幸运之神故意与他藏猫猫一样，就是不光顾他。他对自己很失望，常常唉声叹气，觉得自己矮他人一等，没有人愿意与他在一起。有一天，他的班主任找到了他，对他说：小王，虽然你的成绩不很理想，但你很用功、很努力。除了学习成绩之外，你还是一名好学生、好孩子。你前几天不是在创新大赛上拿了奖吗？你不是经常帮邻居赵奶奶做家务吗？有很多人都表扬你，夸你呢！很多同学还说要向你学习呢！小王听完之后，感到很受启发，他终于明白了，学习虽然很重要，但并不是一个人的全部；学习不好并不妨碍他成为一个受人喜欢的好学生。他满面愁容的脸上露出了久违的笑容。

生活中，你是否也对自己的某些方面不满意呢？是不是有其他方面可以弥补这些不如意呢？如果有，就尝试着写下来吧。

_____

_____

_____

心灵智慧

就像世界上不可能有两片相同的树叶一样，每个人也是不同的。有些同学的自我概念可能复杂一些，有很多不同的社会角色、性格特点、兴趣爱好等，而有些同学的自我概念可能简单一些。你一定会问，是复杂一点好呢？还是简单一点好？其实这个问题非常"复杂"，因为我们通常希望他人说自己是一个单纯可爱的孩子。但实际上，当你的社会角色多一点、性格特点多样化、兴趣爱好广一点的时候，你的世界可能会更加丰富多彩。比如，小王，他的学习成绩不好，他觉得自己矮人一等，没有人愿意与他一起玩儿，但实际上同学们还是很喜欢他的，因为他常常帮助他人。当他意识到自己还是一个受欢迎的人的时候，他又变得开心起来了。

自我是由多种概念组成的，这些概念与角色、情绪或者是自我存在的情境相一致，与你看待自己的方式有很大关系，包括你看待自己的角色、生理特征、能力、爱好、目标等。处于青少年阶段的我们，可能同时拥有几个角色，比如是父母的孩子、是爷爷奶奶的孙子/女、是学校的学生、是某某的好朋友等；你可能拥有一双水汪汪的大眼睛、高挑的身材、结实的臂膀等；你同时拥有多种能力，如学习能力、动手能力、判断能力、绘画能力、运动能力等；可能还同时拥有多种爱好，如读书、旅游、探险、摄影、集邮、音乐等。

在这些概念中，你会对每一种都有自己的评价，比如，你可能认为自己是一个孝顺的乖孩子，但同时又有点叛逆；你可能觉得自己很美丽，就是个子"袖珍"了一点；另外，在多种爱好中，你可能更喜欢探险，因为它总能带给你挑战……此外，他人对你的角色、特点、爱好也是会有评价的。例如，你的妈妈可能认为你很乖，而且很有主见，但她不喜欢你去探险，因为那样很危险；同学们并不认为个子不高是什么大不了的事，浓缩就是精华嘛。所以到底你是什么样的，很难用一个词来概括，因为每个人都很复杂！

这种复杂的评价会有助于你对压力、挫折等不良情绪的适应，因为当你面对压力时，并不是所有的自我概念都被激活，而是只有某种或者某一集中与压力事件有关的自我概念被激活，但在其他角色中的感觉是没有受到影响的。所以，当你的自我概念很多时，只有其中的一个受到了影响，你的整体是不会受到很大影响的。例如，虽然小王在学习上的压力很大，成绩总是不理想，他觉得整个人都一无是处、没有价值了，但当他意识到，自己因为帮助他人，而受表扬、受欢迎时，小王就觉得世界也没有那么灰暗了，还是挺美好的。

简单并不一定是很好的事情，而复杂也并不一定像你想象的那样坏。根据上面的阐述，我们好像不太容易去判断我是谁了，但你一定是一个具有不同角色、不同生理特征、不同性格特点、不同爱好的有点复杂的你了。不管是好的还是不好的，它们都是你的，你都要采取接纳的态度去看待它们。当你意识到有些方面是不好的，而且是能够改变的时候，你要尽力去改变！

心灵训练

到底我是谁？

在人的一生中，我们都要承受和发展各种各样的角色。比如，你是一名学生，同时你又是一名班干部，在公交车上你是一名乘客，在商店你是一名消费者等。不同的角色在我们的成长中发挥着不同的作用。我们怎样了解这些角色？我们是如何看待这些角色的呢？请大家参与下面的小游戏吧！

第一步，角色定位

现在请仔细想一想，在现实生活中你扮演着哪些角色？请将你所扮演的各种角色，按从上到下的顺序，写在下面的空白部分或者另外一张白纸的左边。如：

学生

班干部

乘客

消费者

……

可能你的角色会很多，请你一一写出来吧！

第二步，角色描述

角色写好后，请你想一想，在这些角色中，自己有什么特点呢？

首先，请你仔细阅读下面的形容词表，这些形容词都是对自我进行描述的，如乐观、开朗、胆小、急躁等。然后，请从中选择出能够准确描述你所扮演的角色的形容词，并写在每个角色的后面。

乐观	能干	勤奋	开朗	负责	调皮	节约	聪明	心细	认真	精明
高效	自信	自主	公正	可爱	可靠	老实	孝顺	坦白	单纯	大方
包容	和蔼	冷静	沉着	胆小	幼稚	急躁	自卑	小气	死板	狡猾
粗心	悲观	焦虑	轻率	保守	狂妄					

在进行这一活动的过程中，同一个形容词可以使用多次，也可以一次都不用。当然，如果上述形容词没能概括你的特点，你还可以选择其他的词语来描述你的角色特点。

例如：

学生：能干、开朗、调皮

班干部：负责、认真

乘客：助人为乐

消费者：精明、冷静

……

第三步，复杂性评估

当你完成了上述任务后，根据自己所扮演角色的种类数和每一种形容词重复使用的次数，你就可以知晓自己的复杂性了。也许你将自己所扮演的角色分成了很多类，也许你只有一两类；也许你用到了很多不同的形容词，也许你仅仅用到了某几个形容词，这些都没有关系，因为你已经清楚了，你不是一个简单的你，而是一个相当复杂或有点复杂的你，对吗？

心灵拓展

找一个轻松的环境，静下心来，好好考虑你到底是一个怎样的人？是都被社会、家庭、学校所接受的你，还是其中也有不被接受的成分？比如，叛逆、不勤奋、吸烟、脾气比较急躁、不诚实等，努力将不好的一面抛弃掉！当你去掉一个不良品质的时候，你可以给自己一个小小的鼓励，一个掌声或者一个冰激凌！

当你发现自己有很多值得引以为豪的品质时，一定要发扬下去。另外，要让自己更加多元化，深深挖掘你的不同角色，并且把这些角色区分开来。这样，当你遇到让你受挫或失败的事情时，你不会太伤心、太难过，因为你身上还有很多成功的角色，它们在一直支持着你呢！

你可以将上述活动的结果记录在下面：

我想放弃 _____

_____

_____

我要保留 _____

_____

_____

做完以后，是不是感觉更良好一些呢？

主题4　自尊自信让我行

心灵故事

邓亚萍，一个广为人知的名字，不仅仅因为她曾获得过14个世界冠军和4个奥运会冠军，而且因为她在获得这些荣誉背后的勤奋、坚强、自尊自信的故事。她5岁开始学习打乒乓球，因为身材矮小，当时教练认为她没有发展前途，但年少气盛的邓亚萍很不服气，心里憋着一股劲儿，刻苦训练，10岁进入市级体委乒乓球队，13岁就夺得全国冠军，15岁时获亚

洲冠军，16 岁时在世界锦标赛上成为女子团体和女子双打的双料冠军。在赛场上，我们经常能够看到，每当邓亚萍赢球的时候，她都会有一个握拳的手势，同时还发出"嘿"的喊声。有记者问她，为什么会有这样的手势和喊声，她回答说，"我在给自己鼓劲儿，我坚信自己一定行"。很多场比赛，邓亚萍就是凭借着坚信自己一定能赢的信念，扭转不利局面而获得成功的。邓亚萍，一个身高仅 1.50 米的小个子，用她的信念、拼搏精神、出色的成绩，改变了世界乒坛只在高个子中选拔运动员的传统观念，而且当之无愧地获得了乒坛皇后的美誉。

读完这则故事，你有什么启发？

_____

_____

_____

心灵智慧

通过上面的例子我们可以看出，每个人都有优势和弱势，如邓亚萍的优势就在于她具有刻苦、勤奋、相信自己、不轻视自己的精神，她的弱势就在于她的个子矮小。当我们坚信自己一定能够作出成绩的时候，优势的力量就变得强大，弱势的力量就变得微小，甚至微不足道。但前提是，不管他人怎样看，自己一定要看得起自己，一定要相信自己行；相信他人能做到的，自己也一定能做到，而且一定能做好！我们知道很多优秀的品质能够促使人成功，比如，勤奋、刻苦、坚强，但比这更重要的是人的自尊心和自信心。那什么是自尊和自信呢？既然自尊心和自信心这么重要，怎样才能获得呢？

1. 自尊心及其培养

澳大利亚一位著名作家柯林斯托姆说，虽然尊严不是一种美德，却是许多美德之母。我国卓越的政论家邹韬奋说，自尊心是进步之母，自贱心是堕落之源，故自尊心不可无，自贱心不可有。

自尊心就是尊重自己的人格，尊重自己的荣誉，不向他人卑躬屈膝，不容他人歧视侮辱，维护自我尊严的自我情感体验。故自尊心也称为自爱心。一个人如果缺乏自尊心，则任何批评与表扬都起不了作用。

中职阶段是同学们生理、心理迅速发展、定型的阶段，在这一阶段树立自尊显得非常重要。应如何培养自己的自尊心呢？一般而言，培养自尊心可从以下三方面入手：

体验重要感。重要感即个人觉得他的存在是重要的和有意义的。比如，同学们可以做一些助人为乐的事情，当我们在公共汽车上给老人让座，看到周围人赞扬的目光时，我们会觉得自己很重要，因为我们给他人带来了便利。

获得成就感。一个人能在具有挑战性的工作中达到自己的预期目标，就会产生成就感。比如，当我们在考试中取得优异成绩时，我们就会感到自己有能力、很有成就感。

享受力量感。力量感即个人感觉到自己有处理事务和适应困境的能力。比如，有一件很难完成的事情，其他同学都不能完成，而你凭借着自己的能力，完成了这项任务，你就会获得力量感。再比如，你自己每天不需要他人督导而独立完成课后作业，也会产生力量感。力量感是使人敢于面对困难、接受挑战的重要心理特征，也是克服困难、获得成功的重要原因。

只要不气馁，不灰心，不放弃，自己相信自己，自己尊重自己，就可以通过一步步的努力，找到自己的人生价值，赢得他人的尊敬，感受自尊的快乐。

2. 自信心及其形成

自信心是由于对自己力量的充分估计，从而对自己产生的一种信心。它也是自我意识的重要成分。居里夫人有句名言：我们应该有恒心，尤其要有自信力！自信心是人们成长与成才不可缺少的一种重要的心理品质。一个人如果很自卑，看不到自己的力量，总是认为自己不行，做不好工作，搞不好学习，久而久之他就真的会做不好，也真的会变得不行。

自信心对人一生的发展所起的作用是无法估量的，无论是在智力还是体力或是做事的各种能力上，自信心都占据着基石性的支柱地位。一个人如果缺乏自信心，就会缺乏探索事物的主动性、积极性，其能力自然要受到约束。

自信心就像能力的催化剂一样，它可以将人的一切潜能都调动起来，将各部分的功能推进到最佳状态。在许多成功者的身上，都可以看到超凡的自信心所起的巨大作用。这些取得事业成功的人，在自信心的驱动下，敢于对自己提出更高的要求，并在失败的时候看到希望，最终获得成功。

人的自尊心和自信心绝不是在封闭的自我意识中自然而然地形成的，而是在与周围各种各样的人的接触中，注意他们对自己的态度，想象他们对自己的评价，以此为素材，并将其作为一个客观标准而内化到自己的心理结构之中，在这个基础上形成自我形象。也就是说，每个人对自己的形象和自己感情的体会是依赖于自己与他人的接触，想象他人对自己的判断和评价而形成的。自信心的基础是对自己的客观认识和悦纳。一个自信的人是不会对自己持厌恶不接纳的态度的。

　　自信，不是一种技巧，而是一种坚定的修养；是一种长期潜移默化修炼提升的结果。

　　自信的心理过程体现在：相信目标能够实现，相信自己解决问题的能力；在遇到困难、挫折和失败时能冷静、耐心、客观地分析各种原因，合理地决策是否是目标不当；如果发现目标不当，则有信心反复尝试，直到最后成功。

心灵训练

1. 正确评价、悦纳自己

　　进行了几次活动后，你是不是对自己有一个更深刻的认识了？那么哪些是你自己比较认可的特点？哪些又是你不太能接受的特点呢？尝试着写下来吧！

　　　　　　　　认可的特点　　　　　　　　不太能接受的特点

（1）　_____　　　_____

（2）　_____　　　_____

（3）　_____　　　_____

（4）　_____　　　_____

（5）　_____　　　_____

　　写完之后，与你周围的某个同学结成对子，你们来分享一下自尊的感受吧。首先，你对你的同学讲一讲自己认可自己的特点，讲完以后，体会一下，是不是有一种很自豪、很高大的感觉呢？仔细体会一下这种感受！之后，请你讲一讲自己不太能接受自己的特点，体会一下，感觉如何？是不是觉得自己一无是处？有点看轻自己呢？是不是觉得很受打击呢？请你的同学帮你分析，在这些不能接受的特点中，哪些是能够改进的，哪些是不太容易改进的？正确认识并悦纳这些不易改进的特点吧。人无完人，也许有点瑕疵的你才是真实的你。

　　请你的同学重复上述过程。

专家看点　　自尊就是自己尊重自己、爱护自己，并期望受到他人、集体和社会的尊重与爱护。自尊心是人们前进的动力，是一种积极的心理品质。屠格涅夫曾说过：自尊自爱，作为一种力求完善的动力，是一切伟大事业的渊源。

2. 成功、失败分析

(1)五大成功

请你写出让自己印象深刻的五个成功事件，仔细分析成功的原因：是自己的原因，还是其他客观原因？

序号　　　　　事例　　　　　　　成功原因分析

① ＿＿＿＿＿＿＿＿＿　＿＿＿＿＿＿＿＿＿

② ＿＿＿＿＿＿＿＿＿　＿＿＿＿＿＿＿＿＿

③ ＿＿＿＿＿＿＿＿＿　＿＿＿＿＿＿＿＿＿

④ ＿＿＿＿＿＿＿＿＿　＿＿＿＿＿＿＿＿＿

⑤ ＿＿＿＿＿＿＿＿＿　＿＿＿＿＿＿＿＿＿

通过对这5大成功的分析，你对自己有怎样的认识？

＿＿＿＿＿＿＿＿＿＿＿＿＿＿＿＿＿＿＿＿＿＿＿＿＿＿＿＿＿

＿＿＿＿＿＿＿＿＿＿＿＿＿＿＿＿＿＿＿＿＿＿＿＿＿＿＿＿＿

(2)五大失败

请你写出让自己印象深刻的五个失败事件，仔细分析失败的原因：是自己的问题，还是其他客观原因？

序号　　　　　事例　　　　　　　失败原因分析

① ＿＿＿＿＿＿＿＿＿　＿＿＿＿＿＿＿＿＿

② ＿＿＿＿＿＿＿＿＿　＿＿＿＿＿＿＿＿＿

③ ＿＿＿＿＿＿＿＿＿　＿＿＿＿＿＿＿＿＿

④ ＿＿＿＿＿＿＿＿＿　＿＿＿＿＿＿＿＿＿

⑤ ＿＿＿＿＿＿＿＿＿　＿＿＿＿＿＿＿＿＿

通过对这5大失败的分析，你对自己又有怎样的认识？

＿＿＿＿＿＿＿＿＿＿＿＿＿＿＿＿＿＿＿＿＿＿＿＿＿＿＿＿＿

＿＿＿＿＿＿＿＿＿＿＿＿＿＿＿＿＿＿＿＿＿＿＿＿＿＿＿＿＿

专家看点

　　自信就是自己相信自己，意味着对自己的信任、欣赏和尊重，意味着胸有成竹，处事有把握，是一种十分可贵的品质。一个人的自信心来源于对自己能力的认识。当你完成上面的小游戏后，是不是对自己的能力有了新的认识？相信自己的能力，至少是在某些方面！当你相信自己有能力完成某项任务、应付某种事情、达到预定目标的时候，你必然是一个充满自信的人。

心灵拓展

1. 提升自尊

如何提升自己的自尊心？下面几点建议会给你带来一些帮助。在日常生活中，你可以尝试尝试。

- 努力和成就同样重要，要正确评价并接受真实的自己。
- 进行恰当的自我批评和自我奖赏。
- 为自己创造环境上和心理上的安全气氛。
- 避免参与破坏性的比较和竞赛，鼓励自己去完成合适自己水平的事情。
- 鼓励自己对自己所做的事情负责，并承担相应的责任。
- 不轻视自己，要经常鼓励自己，并且相信自己很重要。
- 做到言行一致、信守诺言。
- 公平、正直、热情地对待他人。

2. 提升自信

为了提升自己的自信心，你可以尝试进行积极自我对话练习。相信如果经常以这样的方式自我对话的话，它一定会帮助你增强自信心的。

- 自我激励：我是最棒的，我一定能行！
- 自我期望：我将成为一个企业家，我将成为一个博士，我将成为一个……
- 自我需求：我一定努力，加油干！
- 自我表扬：我真是好样的！
- 自我欣赏：我真行！
- 自我关心：我要注意自己的健康。
- 自我奖励：祝贺我，这份礼物送给我！
- 自我批评：我不该这样！
- 自我惩罚：这件事是我不对，我会马上改正以作为补偿！
- 自我安慰：失败只是暂时现象。
- 自我总结：做得对，继续干！
- 自我提醒：我想成功，我是不会轻言放弃的！
- 自我命令：立即行动不拖延！

专家看点

　　当你遇到困难、挫折或者想追求成功的时候，请一定用这样的积极自我对话技术来激励自己，让自己充满信心地走下去。

第**3**单元

体验自我——我的情绪我做主

主题① 情绪大本营

♥ 心灵故事

让我们想象这样一个实验：有两管完全相同的水，我们让其中的一管水每天听悲伤的音乐，如肖邦的《离别》；让另一管水每天听欢快的音乐，如贝多芬的《田园交响曲》。那么，一段时间后，这两管水会发生什么样的变化呢？结果发现，在显微镜的观察下，第一管水的晶体呈现出非常不规则和杂乱的形状，甚至让人感觉到的是悲伤和分离，憔悴且颜色暗淡。而第二管水的晶体则呈现非常漂亮的六边形，像美丽的雪花，晶莹而透明。这是日本科学家进行的真实实验，他们让水听不同的音乐后，把水冷冻两个小时，再拍下其结晶的照片。结果就如上面所说的那样，它们的结晶呈现出巨大的差异。

通过这个实验，你发现了什么？

_____

_____

与你的同桌交流你的发现，你又有什么新发现？

_____

_____

♥ 心灵智慧

大家在第二单元已经知道，当建立了自尊自信时，我们会更快乐、更开心，但生活不是时时刻刻都充满了阳光。因此，有时候我们欣喜若狂、舒适愉快，有时候却又焦虑不安、孤独恐惧、满腔怒火，甚至悲恸欲绝。这一切使我们的生活时而阳光灿烂，时而阴霾密布，时而又平静如水。也许我们会告诉打扰我们的朋友说："最近比较烦，比较烦"；也许经历过"伤心太平洋"之后，也会偶尔放下所有的烦恼，来一次痛快的"快乐崇拜"。这些都是我们的情绪。连听了表达不同情绪音乐的水，都能呈现出如此巨大的差异，人当然也不例外。俗话说，人非草木，孰能无情？那么，情绪是什么？当我们有了这些不喜欢的情绪时，又可以怎么做呢？

情绪是人对客观事物的态度体验及相应的行为反应。当客观事物或情境符合我们的需要和愿望时，就能引起积极的、肯定的心理活动。如生活中遇到知己会感到欣慰，成功地克服一个困难会感到开心。当客观事物或情境不符合我们的需要和愿望时，就会产生消极、否定的情绪。如感觉生活无聊就会觉得烦闷，被父母批评会觉得难过，无端受到攻击会产生愤怒等。

情绪由独特的主观体验、外部表现和生理唤醒三种成分组成。主观体验是我们的感受，外部表现则是我们的表情，生理唤醒则包括了心跳加快，血压升高等生理反应。在现实生活中，情绪总是与我们形影不离，那么情绪有什么特点呢？

1. 情绪是全球化的共同语言

还记得卓别林所演的无声电影么？那么生动和活泼，夸张的表演引人入胜，可是在没有任何声音的情况下，他是怎么做到的呢？答案就是表情和动作。当我们还在摇篮里时，就能识别他人的脸，还能解读他人脸上的表情。事实上，这种对表情的解读并不限于某些国家或地区，它是全球通用的。给生活在新几内亚巴布亚岛上的土著人出示一张板着脸的高加索人的照片，前者能毫不费力地指出后者在生气。可见人们对于表情符号的理解是具有共通性的。

除了表现于外的面部表情，我们的情绪还会伴随一些生理上的反应。比如，第一次实习的时候，由于不太熟悉环境和机器操作，可能会感觉有些紧张，这时候心跳会加快，手心会微微出汗，甚至面色也会变红。这些生理反应也是全世界通用的。

2. 情绪是忠诚的信息快递员

其实，人类原始情绪的功能都是一样的，那就是确保生存。而且，越是我们认为"不好"的情绪，如恐惧、愤怒等，越是传递着关乎生存或安全的关键信息。例如，考试前的紧张情绪正是在提醒我们要为考试好好准备。

小贴士

这里，用一个简单的场景片段来帮助我们了解情绪最原始的功能。假如时光追溯到了很久以前，我们现在回到了原始社会，你现在变成了一个居住在山洞中的原始人：

警惕。你正行走在丛林中寻找这一天的食物。有个声音自你走出睡觉的山洞就不断地在你耳边回响："当心，注意，丛林充满危险!"这个声音是警惕发出的。因而，你一直走得小心翼翼，身体时刻处在戒备的状态。原始丛林静谧而诡异，警惕在说"这里危机四伏"。

恐惧。突然，一个强烈得刺耳的声音从你内心迸发出来："快跑!"紧接着，你便以最快的速度，依循早已计划好的路线逃跑。我们可以看见，原来你逃离的地方印着两个新鲜的熊的脚印。"吃人的熊就在不远的前方，我不能再前进，熊的鼻子很灵。"恐惧说着并迅速带着你逃到安全的地方。

喜悦。很快，又一个声音叫了起来："我不会饿肚子啦!"在看不见危险的安全地带，你发现了一大片椰果累累的林子，你手舞足蹈，欢呼雀跃，那个声音是喜悦发出的。喜悦在说："让我拥抱我的食物吧，很长时间我都不必再为食物犯愁了，嘻嘻。"

愤怒。可是当你的笑还挂在脸上的时候，你就瞥见了一棵椰树上的猴子，猴子正一边敲着一个大椰果，一边还玩耍似的把其他的椰果摘了到处乱扔。你内心里又有一个声音叫嚣起来："赶走这只可恶的猴子，这片林子是我的!"这个声音叫愤怒。于是，强壮的你开始掷石头驱赶开猴子，最后独占了满满一林子的椰果。

3. 情绪是坚守岗位的战士

情绪具有持久性。我们可以试着回想一下很多年前交往过的人，比如，教过我们的某位小学教师。我们会发现，可能已经忘记了他的名字，忘记他说过的具体的话，忘记他做过的具体的事，但是，我们却很容易回忆起对他的"感觉"——他是个不讨人喜欢的老师，很可能当年他冒犯你，经常让你觉得不喜欢；他是个和蔼可亲的老师，很可能当年他非常愿意帮助你，让你感到愉悦和信任。我们可能会忘记了什么，但是，绝不会忘记对他们的感觉，而这就是情绪的功劳。

4. 情绪是跳动的搞怪精灵

现代社会信息交流快捷，人际交往频繁，环境气氛对人的影响力越来越强，情绪也会在人与人之间相互感染。如果你正在闷闷不乐，忽然听到周围的同学在嘻嘻哈哈地谈论很开心的事情，你也许会觉得自己似乎也开心了一点。

小贴士

一个女医生去买围巾，让年轻女售货员转身拿了几次货，女售货员不耐烦地说："你是来买围巾的还是来欣赏围巾的？"女医生的购物热情一下子降到了冰点。在体验了火与冰的痛苦挣扎之后，她带着一肚子怒气去上班，摆着一脸的怒容为病人看病，一位病人拿起她刚开的处方对她说："医生，这种药很难吃，是否能换一种？"女医生怒气未消，说道："你是治病的还是来品尝药味的？"病人哑然无语。这位病人是银行职员，坐在收银柜台上越想越气，一位顾客对她说："小姐，你能不能快点，我赶时间！"这位银行职员正处在气头上，便说："你是来取钱的，还是取时间的？"这名顾客是正等着用钱交保险金的学生，听到这话，一股怒火烧遍了全身，气冲冲地回到学校后刚好见到一名同学，同学看他脸色不对，关心地问："你怎么了？"这名同学烦躁地摆了摆手，"我被传染了，让我冷静一下再告诉你！"

5. 情绪与身体健康息息相关

长期处于难过和沮丧的情绪状态下，会使个体的免疫系统变得脆弱。有些人得知自己罹患癌症时，整个人陷入情绪的低谷，结果生命比预期的年限提早结束；相反，有些人凭借坚强的意志，以达观、开朗的心态来面对，却奇迹般地存活了许多年。

看来，情绪是复杂而微妙的，而且对我们也是非常重要的。我们首先要做的是好好了解它，承认它的存在。

心灵训练

1. 情绪脸谱大比拼

情绪是一辈子的朋友，从我们呱呱落地之后，情绪就无处不在。从小到大，从大到老，情绪都会伴随我们度过生活中的每一天，它会告诉我们身体的感受，也会提醒我们心情的变化。因此，情绪是我们一辈子当中最贴心、最贴身的好朋友。那么，让我们来深入认识它吧！

每一种情绪都有一个名字，当情绪来的时候，我们要知道这个"好朋友"是谁，懂得叫出它的名字，我们才有资格做情绪的主人！

下面请大家两人一组，两人轮流表演情绪脸谱中的情绪。一人表演，一人猜。在对方表演的时候，请你记录他（她）的面部表情和肢体动作。

	进取的	骄傲的	勇敢的	自信的	生气的	焦虑的	无聊的	谨慎的
	好奇的	断然的	得意忘形的	快乐的	失望的	嫉妒的	有罪恶感的	受伤的
	纯真的	有兴趣的	沉思的	淘气的	笨拙的	寂寞的	假正经的	困惑的
	乐观的	满意的	同情的	开心的	悲观的	悲伤的	害怕的	疲倦的

	名　称	面部表情	肢体动作
表情 1	生气	眉毛上挑、眼睛圆睁	拳头紧握、全身肌肉绷紧等
表情 2			
表情 3			
表情 4			
表情 5			
表情 6			
表情 7			
表情 8			

2. 状况剧

状况剧就是把日常生活中的事情用表演的形式演出来。我们可以根据状况剧设定角色和相应的角色签。例如，小明被凶恶的狗追，很害怕。角色——害怕的小明、凶恶的狗；角色签——害怕的小明、高兴的小明、可爱的狗、凶恶的狗。请四位同学上台表演角色签中的内容，其余的同学则细心观察，分辨哪两个人演的是状况剧中的角色。

你猜对了么？从他人的表演中，你能看出来是什么情绪么？你是根据什么猜出对方情绪的？

_____

_____

_____

心灵拓展

认识了这些表情之后，我们可以玩更好玩的游戏：可以像卓别林那样，演一次哑剧。首先，可以忽略你的耳朵所收集到的声音，仔细观察你周围人的表情和行为。比如，现在离你不远的桌旁，你的一位同学正小心翼翼地打开一张纸条，然后偷偷地窃笑。不要听她说了什么，只是关注她的表情是怎样的，她的动作是怎样的？你能从她的面部表情和肢体语言中，猜测她现在的感觉吗？把你认为的情绪写下来吧。当然，写得越具体、越丰富越好。

我发现的情绪

发现了他人的情绪后，你自己的情绪是怎样的？闭上眼睛，静静地体会一下你的心情，找找每天陪伴着你的这个朋友是什么样的脸庞？

1. 经常陪伴你的情绪有哪些？

_____

_____

_____

2. 你是否喜欢你的这些朋友？为什么？

_____

_____

_____

主题2 情绪 ABC

心灵故事

李旭蒙是某职业学校的学生，她所学的专业是计算机。刚刚入学的一段日子，她心情一直比较低落，上课时闷闷不乐，下课时偶尔也与同学玩球或者打游戏，但心里总是像压了一个东西似的，难以放下。

其实，李旭蒙有过辉煌的历史，在小学的时候一直是三好学生，而且是运动健将。可是，到了初中后，由于父母工作太忙，自己也开始贪玩儿，加上老师讲课也没有吸引力，慢慢地越来越不爱学习了，最后只能非常不情愿地上了职业学校。最糟糕的是，她所学的专业也不是自己喜欢的，故觉得未来一片迷茫，不知道该怎么继续自己的生活。也许这就是她不开心的原因吧。

上了职业学校之后，你有过类似的感觉吗？如果有过，那么对你而言，可能的原因是什么呢？

_____

_____

_____

心灵智慧

如果有人问你，"你对自己的情绪负责吗?"你可能反过来会问，"情绪怎么能随便被我控制呢？有高兴事就乐，有伤心事就悲。这是人之常情嘛！"

其实，每个人心中都有把"快乐的钥匙"。

小贴士

著名专栏作家哈理斯和朋友在报摊上买报纸，那朋友礼貌地对报贩说了声谢谢，但报贩却面无表情，不发一言。"这家伙态度很差，是不是？"他们继续前行时，哈理斯问道。"他每天晚上都是这样的。"朋友说。"那么你为什么还是对他那么客气？"哈理斯问。朋友答道："为什么我要让他决定我的行为？"

是的，我们可以掌握属于自己的"快乐钥匙"，但我们却常在不知不觉中把这把钥匙交给他人掌管。一名销售人员抱怨道："我活得很不快乐，因为我经常碰到糟糕的客户。"他把快乐的钥匙放在客户手里。一位职员说："我的老板很苛刻，叫我很生气！"他把钥匙交在老板手中。一位经理人说："我的竞争对手太强大了，我真命苦！"李旭蒙也许会说："我太不喜欢我的学校和专业了，我的生活真无聊。"他们都作了相同的决定——让他人来控制自己的心情，这是不成熟的表现。一个成熟的人能够握住自己快乐的钥匙，不期待他人使自己快乐，反而能将快乐与幸福带给他人。

专家看点

我们为什么把这把钥匙给了他人呢？有一个叫艾利斯的美国心理学家，创立了情绪的 ABC 理论。这个理论认为：我们之所以产生情绪困扰，是因为我们具有一些不合理的信念，而这些信念是由我们所掌控的，或者说是我们可以让其产生改变的。所以，要对情绪负责的是我们自己，是我们自己把钥匙给了这些不合理的信念。

在情绪 ABC 理论中，A(activating events) 表示诱发性事件；B(believes) 表示我们针对此诱发性事件产生的一些信念，即对这件事的一些看法、解释；C(consequence) 表示所产生的情绪和行为的结果。

通常人们会认为诱发事件 A 直接导致了情绪和行为结果 C，发生了什么事就引起了什么情绪体验，就像李旭蒙那样，是因为中考失利、学了不喜欢的专业，才让自己每天都非常不开心。然而，大家有没有发现同样一件事，对不同的人，会引起不同的情绪体验。同样是报考等级证书考试，结果两个人都没通过。一个人无所谓，而另一个人却伤心欲绝。

为什么？其实，在诱发事件 A 与情绪、行为结果 C 之间还有个对诱发事件 A 的看法 B 在作怪。一个人可能认为：这次考试只是试一试，考不过也没关系，下次可以再来。另一个人可能说：我精心准备了那么长时间，竟然没过，是不是我太笨了，我还有什么用啊，人家会怎么评价我。于是不同的看法 B 带来的行为结果 C 大相径庭。那么，李旭蒙的信念是什么呢？也许她会觉得自己其实是一个没有用的人，他人都上了普通高中，而自己却"沦落"到了这个地步；也许她会觉得我现在所学的是自己不喜欢的专业，不喜欢的东西就学不好，没有什么发展前途了，就这样自暴自弃吧。这样的两种想法就是所谓的 B。其实，诱发事件 A 是通过看法 B 才带来最终的结果 C 的。

为什么我们常常感到自己被情绪控制或者被情绪绑架了呢？那是因为我们的 B，也就是信念常常是不合理的，或者说是非理性的。在日常生活中，我们每天都会有许许多多的想法产生，其中有些想法使我们陷入了情绪的困境。这些想法包括：

1. 绝对化要求

这种信念通常与"应该""必须"这类字眼连在一起。例如，"我必须获得成功""他人必须对我很好""他们应该答应我的要求"等，当我们有这样的想法的时候，容易陷入情绪的困扰中。

2. 过分概括化

这是一种以偏概全、以一概十的不合理思维方式。过分概括化的一个方面是我们对自身不合理的评价。如面对失败时，往往会认为自己"一文不值""一无是处""废物"等。另一方面是对他人的不合理评价，即他人稍有差错就认为他很坏、一无是处等，这就会导致一味地责备他人，以致产生敌意和愤怒等情绪。

3. 糟糕至极

这是一种认为如果一件不好的事情发生了，将是非常可怕、非常糟糕的，甚至是一场灾难的想法。

这些不合理的想法，你有过吗？如果有了这些不合理的信念，我们该如何进行修正，如何打破这个链条呢？那就是 ABCDE 法则。D(disputation)就是反驳，用辩论把不合理的变成合理的，把缺乏理性的变成有理性的。这样，原来不合理的信念被新的合理信念所取代，个体就会重新获得积极的情绪和行为结果，即 E(effect)。

上述案例中的李旭蒙有两种想法：一是因为我没有考上普通高中，我就是一个没用的人。二是我不喜欢所学的专业，未来一团糟。这两种想法都是不合理的。如何进行"反驳"呢？首先，我们每个人都是有价值的，不上普通高中只是代表了我们可能要走不同的道路，但是谁也不知道怎样的道路就是最好的。其次，自己不喜欢现在的专业，可能是因为自己先入为主，还没有真正了解这个专业。此外，我还有很多选择，如调换专业，或者利用课余时间再学点自己感兴趣的东西。这样，经过"反驳"之后，不合理的信念就变成了合理的信念：未来的道路是掌握在自己手中的，不能就这样自暴自弃下去，要相信自己的能力，把握现在的学习机会，争取多学点东西，为以后步入社会作更多的积累。在这些合理信念的支配下，李旭蒙自然会体验到积极向上的情绪，并会表现出主动学习的行为。

 心灵训练

情绪 ABC 扫描

前面我们已经了解了情绪 ABC 理论，现在我们来试一试如何运用它。想一想最近你的生活中都有哪些事件引起了你的情绪反应。请参考下面图表中的范例，从 A、B、C 三个方面对自己进行全面扫描，以了解我们现有的或正在形成的情绪模式，通过这个工具来理清我们情绪模式的习惯反应，以便在下一个步骤中，去学习运用或打破它们。

事　　件	我的想法是……	结果是……
学校要求学生在校必须穿校服，禁止学生染发、烫发	这是对个性的束缚	
	这有利于校风的建设	

现在，针对学校对仪容仪表的规定，请大家根据自己真实的想法进行一次小型辩论会，并将结果写在表格中。

事　　件	辩论结果	我现在的观点
学校要求学生在校必须穿校服，禁止学生染发、烫发		

心灵拓展

1. 设想你处于下列场景中，头脑中分别浮现出的非理性想法和理性想法会是什么？它们会使你产生什么情绪呢？

(1) 与同学约好要去逛街，但同学却因为妈妈不允许而无法赴约。

非理性想法＿＿＿＿＿＿＿＿＿＿＿＿＿＿＿＿＿＿＿情绪＿＿＿＿＿

理性的想法＿＿＿＿＿＿＿＿＿＿＿＿＿＿＿＿＿＿＿情绪＿＿＿＿＿

(2) 上课时玩手机，手机被老师收走了。

非理性想法＿＿＿＿＿＿＿＿＿＿＿＿＿＿＿＿＿＿＿情绪＿＿＿＿＿

理性的想法＿＿＿＿＿＿＿＿＿＿＿＿＿＿＿＿＿＿＿情绪＿＿＿＿＿

2. 分辨以下观点是理性的还是非理性的，并说出你的理由。

● 我必须要按照自己的想法做事情。

● 在一个地方跌倒之后，以后的生活都完了。

● 天气预报说明天会有大雨，春游肯定被取消了，真是扫兴，没劲透了！

● 莉莉不喜欢我，所以她的好朋友琪琪肯定也不喜欢我。

● 我根本无法控制我自己的情绪。

主题3　情绪呼叫转移

心灵故事

故事一："让开，让开，让我过去！"华子急不可耐地对着小鹏嚷。"你不可以绕道过去么？"小鹏不高兴地说。"瞎了你的狗眼，怎么绕道过去？"华子怒气冲冲地喝道。"你说话文明点好不好？"小鹏不甘示弱，与华子针锋相对……最后他俩因打架而双双被叫进班主任老师的办公室写检讨。

故事二：日本有一则古老的传说。一位名叫信重的武士向名叫白隐的禅师请教说："真有地狱和天堂吗？你能带我去参观参观吗？""你是做什么的？"白隐问。信重回答说："我是一名武士！""你是一名武士？"白隐大声说，"哪个蠢主人会要你做他的保镖？看你那张脸简直像一个讨饭的乞丐！""你说什么？"武士热血上涌，伸手要抽腰间的宝剑，他哪受得了这样的讥讽。禅师照样火上浇油："你也有一把宝剑吗？你的宝剑是不是太钝了，还能砍下我的脑袋吗？"武士勃然大怒，"喤"地一声抽出那把寒光闪闪的利刃，对准了白隐的胸膛。此刻，禅师安然自若地对视武士道："地狱之门由此打开！"刹那间武士恢复了理智，觉察到自己的冒失无礼，急忙收起宝剑，向白隐深鞠一躬，谦卑道歉。禅师面带微笑，温和地告诉武士："天堂之门由此敞开！"

　　看了以上现实生活中的故事和传说中的故事，你有何感想？

_____

_____

　　每个人都会产生负面的情绪，有时候也会控制不住自己的情绪。当面临这样的情绪时，你是怎么做的呢？

_____

_____

心灵智慧

　　上述故事告诉我们：能否控制我们的情绪，给我们带来的将是两个完全不同的世界。从地狱到天堂，不仅是自己从愤怒到达理智，也让我们周围的人从天堂中感到温暖和平静。

　　激烈的负面情绪可能会带来严重的后果。日常生活中，当我们激动时，如同一只打足了氢气的气球乘风飞舞；泄气时，则如同一只斗败的公鸡垂头丧气。情绪如果处于大起大落、此消彼长的两极状态，则会消耗我们的内部资源，而且如果情绪不稳定，变化中的情绪有时候是会"上电梯"的。也就是说，我们的情绪可能会不断地升级，不断地被激化，就像坐电梯一步一步升高一样，到了一定的程度，就会造成我们不想要的结果。《孙子兵法》上说："君不可以怒而兴师，将不能以愠而致战。"也就是说，当我们被情绪控制的时候，很容易做出傻事。

　　情绪可以表达，但是要用正确的方式。不让负面的情绪爆发，并不意味着要压抑自己的情绪，而是要用一种恰当的方式来进行表达。古希腊哲学家亚里士多德就曾经说过："每个人都会发脾气——这个很容易做到，但是，要把脾气发在正确的人身上，用恰当的程度，在恰当的时间，为正确的目的却并不容易。"那么，如何让自己的情绪合理地释放呢？

1. 改变我们的想法

情绪 ABC 理论告诉我们，反驳不合理的信念并时刻激励自己，将有助于情绪的改变。想法不同，感觉就不同。换一副看待世界的眼镜，就会看到世界不同的样子。

2. 适当地宣泄情绪

保持稳定的情绪并不是要感情冷漠，对什么事都没有情绪反应，而是不做无克制的发作。遇到伤心的事当然会难过，遇到快乐的事当然会高兴，但要适当表现，而不能过分、太久。遇到烦恼，找个知心朋友倾吐一下，把想说的说出来，就可以使心情平静下来。一味地压抑或发牢骚，是不会得到什么有效的启迪和帮助的。

3. 转移注意力

中职生正处在情绪变化比较激烈的时期，很容易为一些小事情怒气冲天。强压怒火对身体有害，任其发泄就会害人害己，不如暂时回避一下，可以打打球、散散步或参加其他一些有意义的轻松活动，使自己的情绪松弛下来。

4. 音乐调节法

相信大家很多人都喜欢音乐。音乐不仅可以陶冶人的情操，启迪人的智慧，更重要的是，它还可以调节我们的情绪。音乐调节法是指借助于情绪色彩鲜明的音乐来调整情绪状态的方法。你也许有类似的体验：听着催眠曲，就不知不觉地进入了甜美的梦乡；在紧张学习了一天之后，高歌一曲能消除疲劳。所以，音乐也是一个好帮手，在我们情绪处于低谷时，不妨借助音乐来激励一下自己！

5. 颜色调节法

颜色往往使人产生某种特殊的情绪上的感受。竞赛中也常常用颜色调节运动员的心理状态。例如，过分紧张时，绿、蓝、紫色具有镇静作用。设法用绿毛巾擦汗、饮用绿色的饮料，到蓝色环境中休息一下，可使过度兴奋得到缓解。

小贴士

　　一般认为，红色使人情绪兴奋、热烈、饱满与激昂；黄色使人兴高采烈，充满喜悦之情；绿色使人心绪安宁；蓝色使人安静、舒适，使人心胸开阔、爽朗、宁静；灰色使人感到沉闷、沮丧和悲哀；白色给人素雅、纯洁、轻快之感。不同的颜色带来不同的感受，在生活中，我们可以运用这些规律有意识地调节自己的情绪。

6. 呼吸调整法

　　情绪激动时，人们常常会呼吸短促。如果试着做几次深呼吸，通常有助于情绪的控制，使激动的情绪趋于平静。呼吸调节法一般有三种：

　　深呼吸法。选择一个舒适的坐姿。轻轻闭上双眼，让心情逐渐平静下来，然后开始深深地吸气。吸气时速度要慢，缓缓地吸足气之后，屏息1~2秒钟，再徐徐呼气。呼气比吸气更加缓慢，待把吸的空气完全呼出后，再重新慢慢吸气。

　　腹式呼吸法。选取一个舒适的姿势，或坐在椅子上，或自然站立。轻轻闭上双眼或半睁双眼。先把气从口和鼻子慢慢吐出，边吐边使腹部凹进去。待空气完全吐出后，闭上嘴，从鼻子慢慢吸进空气，让腹部渐渐鼓起来。吸足了气之后暂停呼吸。然后再一边从鼻孔轻轻地把气呼出来，一边让腹部凹进。腹式呼吸法可以和深呼吸方法相结合使用。

　　内视呼吸法。这是一种运用表象调节呼吸的方法。具体方法是闭目静坐，舌尖贴住上腭，面部肌肉自然放松，身体取一个最舒适的放松姿势。一面做慢而深长的腹式呼吸，一面想象吸气时气流徐徐从鼻孔进入鼻腔，同时想象气流中有一个小红气泡沿着气流行走路线前进，从鼻腔经过咽喉，沿气管到达腹腔。再经过髋部走到大腿、膝盖和小腿，最后到达脚底。稍停之后，想象气流再带着小红气泡沿着原路返回，直至完全把气体排出体外。

心灵训练

1. 你的情绪稳定吗

对照你的实际情况，对下列题目作出"是"或"否"的回答。

(1)尽管发生了不快，仍能毫不在乎地思考别的事情。

(2)不计小隙，经常保持坦率诚恳的态度。

(3)习惯于把担心的事情写在纸上并进行整理。

(4)在做事情时,往往具体规定有可能实现的目标。

(5)失败时仔细思考,反省其原因,但不会愁眉不展,整天闷闷不乐。

(6)具有悠闲自娱的爱好。

(7)常常倾听众人的意见。

(8)做事有计划地积极进行,遇挫折也不气馁。

(9)无路可走时,能够改变生活方式和节奏,以适应生活。

(10)在学业上,尽管他人比自己强,但仍保有"我走我的路"的信条。

(11)对自己的进步,哪怕只是一点点,都会有高兴的表示。

(12)乐于一点一滴地积聚有益的东西。

(13)很少感情用事。

(14)尽管想做某一件事,但自己估量不可能时也会打消念头。

(15)往往理智、周密地思考和判断,不拘泥于细枝末节。

评分规则:

每题选择"是"记1分,"否"不记分。然后将各题得分相加,算出总分。

你的总分_____

0～6分:你的情绪不是很稳定,经常患得患失,又不能很好地生活。常常拘泥于一些小事情,无论做什么事都过分认真,总是忙忙碌碌,耗费心机。难于作出重大的决策,一丝不苟反而使自己感觉迟钝。

7～9分:情绪稳定性一般。

10～15分:你的情绪很稳定,遇到事情能够冷静思考,从容判断,不拘泥于细微小节。能积极大胆地处理一些事情。在各种困难面前毫不动摇。

2. 情绪训练场

情景剧——发愁的老婆婆

有个老婆婆,养了两个儿子,大儿子卖伞,小儿子卖盐。每逢晴天,老婆婆便为大儿子卖不了伞发愁,"哎呀,我大儿子的伞又卖不出去了"。每逢阴天,老婆婆又为小儿子晒不了盐担忧,"哎,我小儿子的盐又没法晒了"。这样,老婆婆无日不愁。有人劝老婆婆,让她换一种思路想问题:每逢晴天,二儿子好卖盐;每逢雨天,大儿子好卖伞。老婆婆这样一想,果然天天开心。

邀请四位同学来参与情景剧表演。一个同学念剧情旁白,其他三位同学分别扮演三个老婆婆(一位担心大儿子卖不了伞;一位担心小儿子晒不了盐;一位天天开心),注意体会老婆婆的心情。

(1)这个老婆婆用什么方法从"无日不愁"到"天天开心"?

_____

_____

_____

（2）你还有什么办法可以帮助"发愁"的老婆婆，让她变得开心？大家头脑风暴一下吧！

_____

_____

_____

💗 心灵拓展

我的情绪气象站

留心"监测"自己的情绪状态，利用所学到的知识，完成下列"我的情绪气象站"的内容。

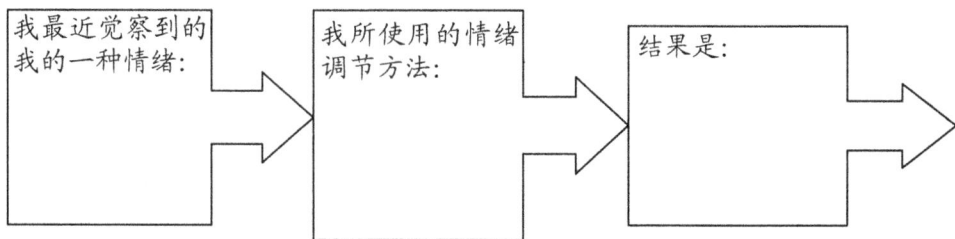

我最近觉察到的我的一种情绪：	⇒	我所使用的情绪调节方法：	⇒	结果是：	⇒

主题4　播撒心灵的阳光

💗 心灵故事

很多年以前，美国纽约一场可怕的肺炎在全市流行，许多人因此而丧生。女画家琼茜终因抵抗不住疾病的袭击而病倒了。她躺在床上，被病折磨得痛苦不堪。医生来给她治疗多次，也没有什么效果，她只觉得越来越虚弱，并且吃不下东西。她望着窗外围墙上渐渐凋零的常春藤，见到一片片叶子在秋风中飘落，一种悲观的情绪笼罩着她。她想："我的生命也许就像这常春藤上的叶子一样，随着严冬的到来而飘落。"她开始数剩下的叶子，当还剩下最后一片叶子时，她绝望了，失去了生活的勇气和信心。那天晚上，雨下个不停，风刮得很紧，她在迷糊中渐渐睡去，她觉得自己再也不会醒来了，最后一片叶子飘落时她的灵魂也将随之飘去。当黎明到来时，风停雨止了，她醒了，她的女友为她拉开了窗帘，她的眼光慢慢转向那常春藤，啊！叶子！她惊异地喊了出来，最后一片叶子竟奇迹般地依然挂在那根藤上，暴风雨竟没有将它打落！倏地，她感到生命之树复活了，她眼中充满了希望，她相信自己不会死了，她喃喃地说："我还会活下去，就像那片树叶，不是吗？"兴奋使她坐起来，并且开始能吃得下东西。没过几天，她的身体就完全康复了。她哪里知道，那片叶子是她的邻居——老画家贝尔曼画上去的。贝尔曼从琼茜的女友那里知道了她的病情，并且知道了那片树叶牵连着琼茜的生活勇气时，老画家就在那暴风雨的夜晚用彩笔精心将树叶绘在那常春藤的围墙上。

在这一故事中，女画家琼茜的情绪经历了怎样的转变？是什么帮助她度过了难关？

_____

_____

_____

心灵智慧

当我们心中怀有希望的时候，就有勇气重燃生命之火。记得有人说过，当你哭泣的时候，只有你一个人在哭泣，而当你笑的时候，整个世界都在跟着你笑。你有没有这样的时候，当你难过的时候，看什么都不顺眼，看什么都觉得很烦，天也不蓝了，空气也不清新了。而当你遇到了一件开心的事情，你会发现世界突然变得非常美好，似乎大家都很开心，连学校的树叶都显得更绿了。

这一切都在告诉我们——积极情绪的巨大作用。

积极情绪，也就是正性情绪。如快乐、满意、兴趣、自豪、感激和爱等。积极情绪能够扩展我们的注意范围，似乎心情好的时候能看到更多的东西，平时视而不见的路边的小草、头顶的天空也都进入了我们的视野。而且，心情好的时候，更容易发现事情的积极意义；平时无法包容的缺点，现在看来似乎也没有那么令人讨厌了。同时，积极情绪还能提高我们应对压力的能力。比其他人更容易产生积极情绪的人，被称为弹性个体。弹性个体会从压力和消极情绪体验中迅速有效地恢复，并灵活地改变以适应环境，就像弹性金属那样伸缩、弯曲，但却不会被损坏。

既然积极的情绪有这么多的功能，那么怎样培养积极的情绪呢？

1. 放声大笑

笑是一种健身运动，可增加吸氧量，提高抗病能力。著名的化学家法拉第年老的时候经常头疼，医生给他开了一个药方，"一个小丑进城，胜过一打医生"。之后，他经常出入剧院，观看喜剧、滑稽剧和马戏表演，经常被逗得大笑，头疼病不治而愈。《丹溪心法》记载，有个秀才，结婚后夫妻非常恩爱，几个月后，爱妻暴病身亡。秀才悲恸欲绝，大病不起，多方治疗无效后请名医朱丹溪诊治。朱丹溪给他诊脉后，又摸摸秀才的腹部，正色说："你怀孕了。"说完，起身便走。秀才听后大笑不止，逢人便讲："名医朱丹溪说我怀孕了。"说罢便笑。十天后，其病痊愈。可以说，笑是世界上最廉价的补品。

2. 助人为乐

帮助他人也是一种很好的调节方法。我们在帮助他人的时候自己也有成就感、满足感，不但可以转移注意，而且能得到他人的感激和赞赏。助人为乐，不但让他人快乐，自己也会快乐——赠人玫瑰，手有余香。

3. 培养乐观的态度

看到装有半杯水的杯子，有的人会说："哎，只有半杯水了!"而有的人会说："啊，还有半杯水啊!"这两种人所持有的就是不同的态度，前者是悲观的，而后者是乐观的。乐观的态度是可以培养的。还记得前面所讲的 ABC 理论么?要想变得乐观，就要与自己的想法，也就是悲观的想法辩论，要学着与自己辩论，并尝试用一种新的观点看问题。就像我们一直所说的那样，你怎么想，你就怎么感觉。

小贴士

有位秀才第三次进京赶考，住在一个经常住的店里。考试前两天他做了两个梦，第一个梦是梦到自己在墙上种白菜，第二个梦是下雨天，他戴了斗笠还打伞。这两个梦似乎有些深意，秀才第二天就赶紧去找算命的解梦。算命的一听，连拍大腿说："你还是回家吧。你想想，高墙上种菜不是白费劲吗? 戴斗笠打雨伞不是多此一举吗?"秀才一听，心灰意冷，回店收拾包袱准备回家。店老板非常奇怪，问："不是明天就考试了吗，今天你怎么就回乡了?"秀才如此这般说了一番，店老板乐了："哟，我也会解梦的。我倒觉得，你这次一定要留下来。你想想，墙上种菜不是高种(中)吗? 戴斗笠打伞不是说明你这次有备无患吗?"秀才一听，更有道理，于是精神振奋地参加考试，果然高中，得了个探花。从积极乐观的角度看事情，会鼓励我们信心百倍地投入生活、创造生活，并发现生活的乐趣。

---

4. 保持希望

如果低下头表示失望，那么昂起头便是希望。希望是失败者对成功的一种渴求，是寒冬对春的一种向往。而梦想常常和希望同行。今天播下希望的种子，明天肯定会有幸福的收获！

总之，积极情绪像太阳，照到哪里，哪里亮。让我们都来做情绪的主人，培养和保持乐观、开朗的心情，让生活更加丰富多彩、充满阳光。

心灵训练

心灵微笑体操

"笑"是由面部肌肉和皮肤的一系列变化引起的。面部肌肉属于骨骼肌，受人主观意志的调节，所以控制面部表情可以改变心境。比如，一个演员表演悲伤，他可以先做出悲伤的表情，不久，心情就会逐渐感到沉重，甚至悲恸欲绝，从而完全进入角色。所以，你在心境不好的时候，不妨从改变表情入手，对着镜子练习微笑。此时一定要笑得大方得体，使自己学会自然而然地发笑。可以体会一下，练习微笑时，心情是不是感到轻松啦！

笔直地坐在椅子上，两腿分开与臀部同宽。双脚平放在地上，双手舒服地放在大腿上。闭上双眼，正常地呼吸。

放松面部所有肌肉，想象自己在一个非常舒适的地方，看到自己的微笑从面部露出来，并感觉那种微笑的力量，感觉它放松了你面部所有的皮肤，感觉它进入了你的面部肌肉，放松、温暖着你的整个面部。

让微笑滑进你的嘴里，轻轻抬起你的嘴角；继续微笑，携带卷起的能量进入你的下腭，放松；让微笑下行，进入你的脖颈和喉咙，感觉微笑融化了那里的任何紧张。

让微笑进入你的左侧心脏，对心脏微笑并感谢它从事不间断的重要工作——输送血液到你的全身，让微笑的能量充满快乐的心房。

让微笑进入肺部，感谢它为你不断提供氧气，当你呼吸空气进入肺部时，感觉它充满了善良和勇气。

现在微笑进入了你的肝脏和肾，感谢它帮助消化、清洁血液。你能感觉到你自己排出了任何可能出现的愤怒和恐惧。

微笑开始进入胃部，感谢它消化你吃进去的食物，并继续送微笑进入肠部，感谢它从食物中吸收营养送入你的身体。

现在，微笑正一步一步走进你的臀部和大腿，并感觉到你微笑、温暖的能量放松了那里所有的肌肉。此时，微笑已扩展到了你的小腿和脚。

啊，多么美妙的感觉，你的整个身体都沉浸在爱和感激中……

小窍门

同时，建议大家平时不妨有意识地舒展额头、挑起眉毛、张开嘴、翘起嘴角、露出牙齿、拍拍胸脯、挺挺胸、跺跺脚、扭扭腰……要知道，这是一套不错的情绪保健操！

1. 做完这个练习后，你的感觉是什么？

_____

_____

2. 与你的同桌比赛，看谁笑的时间更长？

_____

_____

3. 现在，带着轻松愉快的心情，你怎么看待下面所描述的一些事情：

(1)老师误以为你在课堂上说话。

积极的方面 _____

(2)我很想成为老师眼里的好学生，但总是做不好。

积极的方面 _____

(3)我不知道自己将来能做什么。

积极的方面 _____

心灵拓展

请写下最近发生的一件事，让你印象深刻或者是让你感觉困扰的事。
这件事情积极的方面是什么？
你现在的感受是：

请在一星期内主动帮助某个人，可以是你的同学、父母、老师，甚至是陌生人。

你所做的助人的事情是：

_____

_____

_____

做完之后你的感觉是：

_____

_____

_____

第 4 单元

调控自我——搭建成长的阶梯

主题1 理想我与现实我

心灵故事

刘宇一直认为自己脑子聪明，特别是在电脑方面具有天赋。在整个初中阶段，他的计算机水平在班里都是数一数二的，他最崇拜的人物是比尔·盖茨，一直想考名牌大学的计算机专业。他还希望自己以后也能像比尔·盖茨那样开一家计算机公司，成为计算机行业中的佼佼者。然而他中考发挥失利，最后被一所中等职业学校录取。刘宇觉得自己对前途的美好憧憬都因中考失利而化为了泡影，尤其是进入中职后，他发现自己的计算机水平在同学中也只是中等水平，他的心情跌入了谷底，每天生活在过去之中，对未来充满了焦虑和担忧。后来他渐渐迷恋网络，整日泡在网吧玩网络游戏，希望在虚拟的世界中寻找自己的理想和价值。由于他经常旷课，有时期末考试也不参加，最终导致多门功课不及格，面临辍学的危险。

你认为是什么原因导致刘宇心情不好的？如果你是他的同学，你会如何帮助他？

_____

_____

_____

心灵智慧

"人生不如意十之八九"，在现实生活中，我们有时也可能会遇到类似刘宇这样的困惑和烦恼，当现实与理想不一致的时候，我们也会失落和惆怅。刚刚进入青春期的我们，身体和心理都经历着"疾风骤雨"般的变化：对自身的关注变得越来越敏感，如"我是谁""我想成为什么样的人"等几乎是困扰每个人的问题。此时，对自我理想的思考及采取的相应行动，将直接影响到今后的发展方向和人生道路的选择。

1. 理想自我与现实自我的矛盾

理想自我是理想中的自我形象，指人们期望达到的自我境界，是个人追求的目标。它对个人的观念、情绪和行为的影响很大，是人们行为的动力和参考系数。现实自我，是指个人当前发展所达到的实际的自我状态，即在能力、品德、业绩等方面的实际表现。中职阶段，我们的自我意识发展比较迅速，初步具有了"成人感"意识，独立意向增强，开始为自己设计美好的未来和生活形态，向世人尤其是家长和同伴宣布自己已经长大，不再是以前的小毛孩儿了。我们希望获得他人对自己的赞赏、羡慕和尊重等肯定性的评价，并以此来强化自我形象和增强自尊心、自信心。

"理想自我"是在头脑中塑造的、自己所期望的未来自我的形象；"现实自我"则是通过个人的实践而反映到头脑中的真实的自我形象。"理想自我"是自己希望将来成为什么样的人；"现实自我"则是自己今天是什么样的人。处于中职阶段的我们，往往富于幻想，总希望自己将来成为某种理想的人物，因而不论现实状况如何，都会悄悄地在头脑中塑造若干未来"理想自我"的形象，并经常将这种"理想自我"的形象与"现实自我"的形象加以对照比较，一旦发现两个自我形象不一致时，就会产生"现实自我"与"理想自我"的矛盾。

青春期是自我意识迅速增长的时期。但是，自我意识的发展并不是一帆风顺的，在自我的发展中存在着许多矛盾和挫折。如果这些矛盾处理得当，便有助于促进心理发展；若处理得不好，则会产生种种心理障碍，严重的还会损害到心理的健康。案例中的刘宇就是因为"理想自我"与"现实自我"之间差距过大，所以二者难以统一，较难转化成一个新的自我。有这种特点的同学往往内心冲突大，延续时间长，新的自我久久不能确立，积极的自我难以产生。

在儿童时期，人的现实自我和理想自我虽然也有矛盾，但由于儿童的自我意识水平较低，还不易发现自我的矛盾，因而也不会为此感到痛苦。进入青春期后，由于自我意识的显著发展，我们经常将自我与他人，特别是与比自己强的人比较，现实自我与理想自我的矛盾就更加突出了。如果发现理想自我和现实自我的距离太大，就会感到痛苦和不安，并由此引发许多心理问题，不利于个人的积极成长。

2. 理想自我与现实自我的统一

大体来说，实现理想自我与现实自我统一的途径有两条：第一，努力改善现实自我，使之逐渐接近理想自我。第二，修正理想自我中不切实际的过高目标，使之与现实自我趋近。事实上，人的一生就是不断地改善现实自我，使之逐渐接近理想自我的过程。对于广大中职生而言，虽然不断地追寻理想自我非常重要，但同样重要的是，要学会不断地修正理想自我中的过高目标，使之具有可实现性。

为了维护心理健康，我们应学会合理地认识和调整理想自我。如果理想自我的目标定得太高或根本不适合自己，就会在实践中不可避免地一次又一次地失败，理想的自我永远不能实现，自然也就建立不了自信。如果理想自我的目标定得过低，就会失去前进的动力，安于现状，不求进取，也建立不了自信。如果定出适合自己的理想目标，然后全力以赴地追求，同时在实践中适时进行调整，这样才能取得成功。实践经历就是建立自信的过程，成功有望，自信弥坚，从而心理健康的水平也会越来越高。能动地适应环境，根据客观情况设计自我，使理想自我与现实自我能实现基本的统一，并与客观环境保持动态的平衡，这也是心理健康的重要标准之一。

每个人都存在一对"自我"，即现实的自我和理想的自我。虽然许多人一生都致力于追求理想自我的实现，但除了极少数人能达到二者完全重合外，大多数人的这两种自我都是存在一定距离的。我们常常看到，有的同学尽管在他人看来已经很不错了，但他本人仍然为自己某些方面的不足感到十分烦恼和沮丧。由此可见，倘若总是以理想的自我状态来否认或贬低现实的自我状态的话，那我们将永远与快乐的生活无缘。快乐的生活并不一定取决于已经达到了什么状态，而是取决于是否对自己怀有基本的尊重与肯定态度，以及是否正处在不断追求、进步的过程之中。

心灵训练

1. 你在学习和生活中有没有遇到过类似刘宇这样的困惑和烦恼，请谈一谈自己的感受和体会。

_____

_____

2. 以6～8人为一个小组，以刘宇或自身经历为例，讨论理想自我与现实自我冲突的成因以及改善措施。

_____

_____

_____

3. 小组活动后，各小组派一名代表分享小组活动的内容与感受。

心灵拓展

各位同学，你们是否曾经为自我理想的确立和一步步实现（或受挫）而欢欣鼓舞（或伤心难过）？上完本节课后，你对这些经历有什么新的认识？请把自己的思考认真地填写在这份"心情晴雨表"上。

心情晴雨表

时间	当时的理想自我	理想自我的实现情况	当时的心情	现在我觉得

主题2 星光灿烂照我行

心灵故事

追星追星，追向何方？

案例一：他今年读初二，是一个典型的"周杰伦"迷。因为喜欢周杰伦，他理了和周杰伦一模一样的发型。这个发型要花几百元，是他在一家有名的发廊做的。"周董最酷，最有个性。你看我这发型，还有我的衣服都是照着他的样子买的。"业余时间，他最大的兴趣就是模仿偶像的语言与动作。

为了能够与偶像更加相像，他平常只要见到与周杰伦相关的产品都会购买，周杰伦的写真、CD、电影……只要有关周杰伦的报道，他都想办法看看。他还制作了一本《天王周杰伦》，里面收集了周杰伦出道以来的种种资料，还写了许多他与周杰伦的故事。"今天在论坛上，居然有人批评周董的新专辑曲风重复，了无新意。这人到底有没有乐感？批评我的偶像不就是在说我么？我当时就与那厮在网上吵了起来。""后来，我两天没睡觉，专门在网上顶帖，只要有反对意见我就找各种资料反驳！终于把这帮'周黑'灭了！"

案例二： 今年13岁的她，曾经非常喜欢某女星，可以说简直是着迷。那时在她心里，这个女星就是淑女的完美化身。她形容这个女星是"美丽、纯洁的玉女，就像童话中的人鱼公主，有一双大而清澈的眼睛"。

爸妈看孩子这么喜欢，决定帮助孩子见见偶像。于是托了个记者朋友，给孩子争取到一个探班的机会。孩子的妈妈说："探班当天，孩子穿上自己最喜欢的衣服，高高兴兴地和朋友去了影星拍戏的现场。没想到却哭着回来，把自己锁在屋里一整天。朋友说，他们到了片场，刚好碰上女星在与记者吵架。女星很凶，对记者破口大骂，毫无修养。这一切都与孩子的想象差距太大，偶像的形象瞬间在孩子心里崩塌了。"

孩子的妈妈说："在这次之后，孩子就再也不看这个女星的任何节目了。孩子还变得特别多疑。现在无论是什么事情，孩子都怀疑其真实性。甚至认为，名人都是大骗子。我和孩子的爸爸多次对孩子讲，并不是所有的人都是这样虚伪，可孩子已经不再相信了，真不知道该怎么办才好。"

看完这两个案例后，你有什么感想？

_____

_____

_____

心灵智慧

当今社会存在着"追星族""超女热"等大众性娱乐狂欢，再加上消费主义格调的影响和感官体验的流行文化渲染，更是对痴迷追星起到了推波助澜的作用，青少年则在追星群体中占了绝大多数。青少年追星现象早已有之，20世纪五六十年代的中学生，八九十年代的少男少女，几乎每个人内心都有自己崇拜的偶像、热爱的明星。只不过随着时代的变化，少男少女心目中的偶像也发生了变化。当代少男少女的"明星簿"很难看到雷锋、保尔·柯察金等昔日闪光的明星，而代之以谢霆锋、周杰伦、五月天、张韶涵等影视明星及通俗歌星。

1. 追星的原因

为什么我们会选择去追星呢？一般而言，青少年追星大致有如下几种心态：

感情需要

我们现在所处的时代是一个物质丰富而精神生活相对贫瘠的时代，我们中的相当一部分人都是独生子女，因而缺少父辈们所拥有的手足情；紧张、繁忙的现代生活节奏，使我们的父母很少关注我们的内心世界。而此时我们正处于心理断乳期，极需要情感抚慰与思想交流，内心敏感、彷徨，情绪波动极大。我们需要平衡自己，需要诉说内心的种种体验、对青春的种种感觉，需要诉说自己友情的失落，诉说成长中的种种烦恼以及伴随青春而来的种种苦涩。这时候，以优美的歌喉，动情地吟唱着温馨情感、美好未来的歌星们款款而来，他们穿着时髦，歌声委婉、真诚、直逼心灵。在这歌声中，我们听到了仿佛来自心灵深处的自言自语、迷惑与憧憬；这些戴着由舞台、灯光、美丽时装所构成的光环的明星们，一时间成了少男少女最遥远而又最亲近的朋友。这些朋友不像身边的朋友那样飘忽不定、不易把握，只要你一心一意地"爱"他们，就能在他们的歌声中、影视形象中获得感情交流与心灵的沟通。因此，可以说，当代青少年追星心态之一就是追求感情或精神的寄托。

向往成功

追求成功，是少男少女的强烈愿望，而明星们的光环则令人看到成功的荣耀与辉煌。每个人都渴望拥有成功的人生。事业的成功是人生成功的主要内涵。从一踏进校门，从刚刚懂事起，我们就被长辈们谆谆教导，长大要有出息，要成就一番事业。那么歌星、影星们的一夜成名，伴随知名度而来的荣耀与财富，令少男少女看到了自幼便朦朦胧胧的成功。他们渴望成为这样的辉煌成功者，于是就热情地追随眼前的这些成功者。

发现理想自我

人的一生可以说是真实的我不断地设计理想的我，并为将理想的我变为真实的我的不断奋斗的过程。青少年时期正是开始勾画理想自我形象的时期，在反复创作、勾画自我理想形象的季节里，我们可能会蓦然发现：那位歌星、那位影星、那位体坛明星或文坛新秀似曾相识，亲切而又温暖——原来"他"或"她"就是我心目中反反复复勾画、衷心向往的理想自我。

追求时髦

现代的生活潮流、多彩的社会风景，促使少男少女总想成为缤纷世界中独特的一族、现代潮流中腾跃的浪花。这也是众多追星青少年的普遍心态。很多人其实也并没有什么独特的喜好，他们的明星剪贴簿一般总是跟着潮流走。社会上流行什么，他们就追什么。哪位歌星当红，他们就追哪位。

应该说，青少年的追星是感性的，带有很大的感情色彩以及从众心理。比如，这一时期喜欢这个星，那个时期喜欢那个星，并没有什么明确的目的和动机。这与成熟的追星有很大的区别。成熟的追星是理性的，他们会了解自己崇拜的目的和本质，比较能够把握自己在做些什么，而且还可以从中辨别出符合自己志趣的"星"。

2. 追星的实质

追星实际上是偶像崇拜的一种表现。偶像人物被偶像崇拜者赋予了无穷的魔力，也因此对崇拜者具有巨大的影响。

我们的成长需要偶像

中职阶段正处于由儿童向成人过渡的青春期，崇拜偶像是我们走向社会之前的人生准备，也是心理发展的必要过程。青少年在人生的成长阶段，需要通过对不同偶像的认同和依恋来确定理想自我，寻求自我发展，所以四处寻找可以认同和仿效的对象，学习他们的各个方面。年轻偶像的风光与功成名就，往往就成了我们生活的方向及生命的指标。从这层意义上说，偶像崇拜作为一种特殊的心理行为，是青少年时期心理矛盾运动的产物，有其必然性和过渡性的一面，也有其非理性和盲目性的一面。

如中职生小齐是"快男"苏醒的歌迷，特别佩服苏醒，他觉得"苏醒特男人，因为苏醒可以为自己的一个音没唱准向观众道歉，还第一个勇敢地站上 PK 台……"后来，小齐查到苏醒的学习成绩一直非常优秀，在他读初中的时候，是年级的第一名，他的英语也很出色，雅思考了 8.5 分。渐渐地，小齐从最初迷恋苏醒的歌深入到钦佩他的人格，他的学习比以前更认真了，还常练练英语口语。他说：既然自己那么喜欢苏醒，英语也不应说得太差。可见"快男"苏醒身上的优秀品质对小齐产生了积极的影响。因此，如果偶像崇拜的目的是为了激励自我、改变命运、完善人格，那么它对于青少年的成长就会起到积极正面的作用。

不同的偶像带来不同的人生

青少年崇拜偶像，一方面是受到大众传媒的渗透；另一方面是受朋辈团体的影响。因此，偶像崇拜具有突出的流行性、年龄性和过渡性的特征。青少年偶像崇拜从本质上来说，是一种对美好的信仰，这是值得肯定的，也是难能可贵的。但是，由于一些青少年渴望个性独立及情感替代人物的出现，往往过分关注少数纯偶像人物的言行举止，盲目地追星，并因此带来消极的影响。正确的偶像崇拜对青少年自我价值感的成长有着重要的塑造意义，是人生的奋斗目标和动力，有着重要的激励作用，特别是对朋辈之间的相处与交往有着重要的促进作用。

　　青少年偶像崇拜是对榜样行为观察学习后的一种模仿，优秀的偶像可以树立好的榜样，好的榜样则可以作为一个可靠的基础来推动青少年对自我的探索和认识，树立积极的人生目标。而特定时代产生特定的文化，不同的偶像会带来不同的人生。如青年时代的毛泽东曾极为崇拜华盛顿、林肯等，他曾经从同学那里借了一本《世界英雄豪杰传》，反复阅读，还在书上圈圈点点，写了许多批语，圈得最密的是华盛顿、拿破仑、彼得大帝、惠灵顿、鲁索、孟德斯鸠和林肯等人的传记。还书时，毛泽东对同学说："中国也要有这样的人物。"又如，1978年诺贝尔奖获得者、女科学家雅娄在高中时期，就把居里夫人作为自己的偶像，时常鼓励自己要做一名像居里夫人一样的科学家，从而走上了科学研究之路。

榜样的力量是无穷的

　　偶像通过揭示其个人奋斗与事业成就的一面来强化青少年的榜样学习意向，这不但可以拉近偶像与其"粉丝"的心理距离，也可使青少年变偶像崇拜为理性思考，关注成功人物的内心世界，以他们为榜样，学习他们的理念、气质、性格，这才是对偶像的正确态度。

　　因此，从这个意义上说，如果同学们真能以某位明星为目标，在追求、模仿和赶超中，使自己的能力和品格提高到一个新的高度，这样的追星无疑会对自己理想自我的形成和实现起到十分积极的作用。

心灵训练

1. 请你列举自己崇拜的偶像有哪些？

_____

_____

2. 将全班同学分成若干小组（每组 6～8 人），围坐成圆圈。在小组内讨论以下几个问题，讨论结束后，各小组选派一名代表报告你们的讨论结果。

　　(1)你崇拜偶像的原因是：

_____

_____

　　(2)你的偶像对你的学习和生活有什么实际的影响？

_____

_____

(3)在他们身上有哪些东西是值得自己效仿和学习的？

_____

_____

3. 辩论赛：中职生"追星"现象究竟弊大于利，还是利大于弊？

(1)你认为中职生"追星"的好处有：

_____

_____

(2)你认为中职生"追星"的弊端有：

_____

_____

(3)辩论结束后，你有什么新的感受及想法？

_____

_____

_____

心灵拓展

在人生的旅途上，我们每个人都会拥有一些自己衷心推崇的偶像。他们像一颗颗明亮的星星，寄托着我们的梦想和自我理想，指引着我们前进的方向。下面的这份"我的星空图"，能让你更好地与你的偶像"亲密接触"！

我的星空图

我最崇拜的人物	他/她具有的优秀品质	我最欣赏他/她的一项或几项特质	我准备怎样向他/她学习

主题3 我的未来我设计

心灵故事

一项哈佛大学的调查

哈佛大学有一个非常著名的关于目标对人生影响的跟踪调查。对象是一群智力、学历、环境等条件差不多的年轻人，调查结果显示：27％的人没有目标，60％的人目标模糊，10％的人有清晰的短期目标，3％的人有清晰的长期目标。

关于人生目标的调查

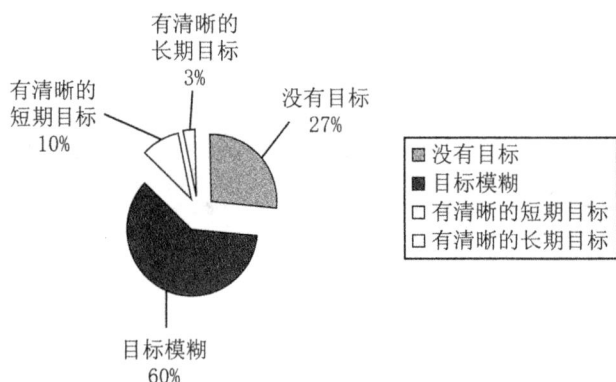

25年的跟踪研究发现，他们的生活状况及分布现象十分有意思：

那3％有清晰长期目标的人，25年来几乎都不曾更改过自己的人生目标。25年来他们都朝着同一方向不懈地努力，25年后，他们几乎都成了社会各界的顶尖成功人士，他们中不乏白手创业者、行业领袖、社会精英。

那10％有清晰短期目标的人，大都生活在社会的中上层。他们的共同特点是，那些短期目标不断被达成，生活状态稳步上升，成为各行各业的不可或缺的专业人士，如医生、律师、工程师、高级主管等。

那60％目标模糊的人，几乎都生活在社会的中下层，他们能安稳地生活与工作，但都没有什么特别的成绩。

剩下的27％是那些25年来都没有目标的人，他们几乎都生活在社会的最底层。他们的生活都过得不如意，常常失业，靠社会救济，并且常常都在抱怨他人、抱怨社会、抱怨世界。

看过这项调查报告后，你有什么感受与想法？

_____

_____

_____

心灵智慧

西方有句谚语："如果你不知道你要到哪儿去，那通常你哪儿也去不了。"有时，我们确实需要停下来，作好了准备再前进，也许会收到事半功倍的效果。同学们，你是否为你的未来作好了设计？

韩愈曾说："凡事预则立，不预则废。"这里的"预"可理解为一种预见性、计划性。有什么样的目标就有什么样的人生。这话出自世界顶尖潜能大师安东尼·罗宾之口。仅仅有了方向还不够，还要沿着这个方向设定目标并不断调整目标。在此过程中，除了借助教师和家长的帮助外，更重要的是我们要充分发挥自己的力量，对自己进行自我教育。

所谓自我教育，是相对于被教育而存在的。它是指同学们在实现自己理想或目标的过程中，有意识地调控自己的心理和行为，充分发挥自己的主体作用。自我教育特别强调学生本人的能动性，能够自觉地把自己看做是教育的对象，积极寻求发展的机会；在学习等活动中往往受所设目标和内在动机的支配，较少关注外部奖励和他人的评价，并善于进行自我调节和自我控制，追求最大限度地发挥和实现自身潜能；同时，在学习或生活中遇到困难时，能够积极、主动地寻求解决之道。在自我教育过程中所表现出来的主体性、创造性是我们自主性充分发挥的结果。

唯物辩证法认为，"事物发展的根本原因，不在事物的外部而在事物的内部，在于事物的内部矛盾性"。学校教育毕竟是我们发展的外部因素，为促进各种思想矛盾的转化和良好行为模式的形成，需要把外在的教育影响转化为内在的、持久的自我教育的需要，充分发挥我们在各种学习过程中的主观能动性。

处于中职阶段的我们，时时刻刻处在现实自我与理想自我的矛盾中。这两个自我之间往往有一定的距离，正是这种理想自我与现实自我之间的张力，成为推动每个人进行自我教育的强大内驱力。这种内在动力推动着我们不断去改变、发展现实的自我，努力促进二者间的转化，并通过一个个子目标逐步实现理想自我的终极目标。这个过程，就是主体自我教育的过程。以下方法和途径有助于自我教育过程的逐步推进和实现：

1. 自我设定与自我激励

自我设定与自我激励是自我教育中的动力系统，它们确定自我教育的方向和动力。

自我设定是指为了满足成长的需要，自己制订出在一定的时间、空间范围内要达到或取得的具有一定价值标准的目标和结果。自我设定既包括长远目标，也包括阶段性的子目标，这就是我们通常讲的短期目标、中期目标和长期目标。我们可以在自我认识和评价的基础上，具体进行更为详细的自我设定。如果对自己提出过高的阶段要求，其结果必然是产生挫折感，并降低自信心；倘若目标设置太低，则难以起到自我激励的效果，故在自我设定方面一定要做到从实际出发，实事求是。

所谓自我激励是指在自我设定目标后，进一步进行自我教育动机的激发，使自己产生和保持积极向上、实现自我的愿望，从而推动我们的阶段目标和终极目标的实现。因此，首先要了解自己的自我动机水平，然后在此基础上强化自我动机。譬如一开始在劳动、学习、课外活动中可先进行一些轻松而容易完成的任务，体会一定的满足感、成功感，然后一步步对自己提高要求，不断进行自我激励。此外，由于环境条件的复杂性，可能会遇到许多干扰自我动机的因素，如拜金主义、享乐至上的观念等。因此，在培养自我激励心理方面，还需要排除这些外在干扰。

2. 自我监督与自我控制

自我监督与自我控制属于自我教育的调控系统，它们保证自我教育的有序进行和目标的达成。

马卡连柯曾经说过："一个人的抑制能力是最重要的品质。不能抑制自己的人，就像一台破坏了的机器。"他说的抑制能力，也就是调节、控制、管理自己的能力。我们通过自我监督、自我控制所形成的良好品质，是完成自我教育过程的有效条件和重要保障。自我监控过程包括一些具体行为，如怎样制订行动计划，怎样确定自我目标，怎样克服自己的缺点，怎样与干扰作斗争，怎样克服不良行为习惯等。

教育的根本是以学生为本，充分调动同学们的主观能动性，受教育的人必须成为教育自己的人，他人的教育也必须成为这个人自己的教育。因此，自我教育的过程应是不断进行主动探究的过程，是促进思考的自主性、行为的自我制约性的过程。自我教育中的监控，并非学校和老师外部的监控，它的意义在于我们自觉主动地对自己的行为、心理加以监控和调适。自我监督要解决的问题，是让自己随时督察自己的行为与预先所设定的行为模式、目标是否存在或发生偏差；自我控制，则要求我们对自身的行为能主动掌握、调整，力求使自己的思想或行为符合预定的目标。

3. 自我体验与自我强化

自我体验与自我强化属于自我教育过程中的反馈系统。从实质上来说，自我反馈是我们对自身行为结果的自我检查，它关系到能否更好地实现自我奋斗的目标，并且能否增强自己的自我教育能力。在自我教育中，目标具有规定自我教育的方向和诱发动机的双重效应。最终的总体目标，是由一个个切近的具体目标逐步递进而实现的。因此，每个阶段性目标的实现都关系到总体目标的实现。在这个历程中，需要不断地将自己行为的结果与阶段性目标相比照。如果通过反馈，我们感觉达到，甚至超过预期阶段目标，就会由此产生成就感，无疑会促进自我教育行为的进一步增强；如果检查结果是未达标，也能促使我们警惕、思索、改进。

进入中职学习阶段后，许多同学开始把自己看得平平淡淡，认为自己无能、低人一等、"倒霉"、没有前途等，可能产生自悲自叹、自怨自艾，甚至自暴自弃等心理。特别是有的同学自幼被父母或其他长者说成"成不了大器""没出息"等，这种消极语言听得多了，有些同学就会将自己归于某一类人，认同错误的形象。事实上，每个人在成长历程中都有过许多愉快的体验和成功的经验，通过自我体验、自我强化的方法，则有助于引导我们克服已经形成的错误的自我形象，帮助自己发掘和实现自我潜能。

总之，自我教育的本质和核心乃是让我们成为自己真正的主人。归纳起来，自我教育状况良好的表现有：在奋斗目标的确立上，既可设定积极的远期和近期目标，又能明确远期目标的价值和近期目标的可行性；在行为的控制方面，能在内在动机的支配下，有意识地调节自己的行为，抑制不良因素的影响和诱惑，保证自己按照正确的方向健康发展；在情感的调节方面，能有意识地充实自己的内心世界，丰富自己的情感生活，培养自己良好的情感品质，从而在自我发展中增加情感的动力效能；在才智的发展方面，能刻苦学习，努力调整自己的学习方法，完善知识结构，并在此基础上发展自己的聪明才智和特殊才能，特别是创造才能；在身体素质方面，能主动加强个人的体育锻炼，增进健康、增强体质，保持充沛旺盛的精力；在时间的利用方面，能意识到时间的价值，充分利用课内时间和闲暇时间，提高效率。此外，自我教育发展良好、自主功能强的青少年还能做到顺应时代潮流的发展，主动快速地收集、加工、存储和利用各种信息，使自己的发展适应现代社会的迅速变化。

心灵训练

1. 自我成功蓝图

(1)以"我希望自己将来……"为结构，一口气写出五个句子来。

_____

_____

_____

_____

(2)请你详细和具体地描述自我成功的蓝图。

_____

_____

_____

(3)你的自我成功蓝图如何实现？请分别写出近期目标、中期目标和长期目标。

_____

_____

_____

(4)在实现理想自我的过程中，可能会遇到什么障碍？你打算如何克服？

_____

_____

_____

2. 我的"生命线"

下面这一条线是你的生命线，是你从出生到死亡的整个过程。请在适当的位置上画上"×"号，代表你今天在人生历程中所处的位置。然后，在"×"的两边，左边写出过去你取得的或经历的两三项成就或难忘的事；在右边，则写出你在未来日子里最渴望做到的事或达到的目的，数目不限。

你的出生   你的死亡

〇   〇

在每个同学完成"我的'生命线'"后，分小组交流大家在活动过程中的感受，讨论大家的未来设计是否合理，要多给他人以鼓励。

心灵拓展

1. 当你在对未来人生进行种种美妙设想的时候，有没有想过怎样一步步去实现它呢？下面请把你的思考逐一填写在这张"成功人生运行表"上。

成功人生运行表

具体的时间设置	想实现的愿望	现在拥有的条件	还需要准备或加强的方面
……			

2. 请写下你的座右铭，并时刻牢记心间。

_____

_____

_____

主题4　克服困难向前进

心灵故事

晓强在放暑假之前，就把自己的暑期规划好了，除了老师布置的作业外，还为自己提出了几点要求，如阅读几本书籍、每天练字半小时、锻炼身体一小时等。暑假开始以后，第一个星期，由于刚放假，需要稍微放松一下，计划下周实行；第二个星期，开始实行计划，偶有完不成，第二天再补上不迟；第三个星期，每天练字、锻炼太辛苦，改成单号练字，双号锻炼身体；第四个星期，到外婆家住三天，回来后看看这个星期也快结束了，下星期继续实行计划；第五个星期……

请你想象一下，晓强的第五个星期会怎样呢？

_____

_____

你认为晓强的这种自我教育能够取得成功吗？为什么？

_____

_____

心灵智慧

在生活中，你是不是也会出现晓强这样的情况，制订了计划却无法完成，总是今天推明天，明天拖后天，"明日复明日，明日何其多……"等到日期临近，已经没有时间，计划也没有完成。那时惆怅落寞、后悔失意，"怎一个愁字了得"。

常言道：制订计划容易，执行计划难。人的自我教育要想很好地实施，自我监督是非常重要的。当然，自我教育的开始就要制订切实可行的目标和计划，计划也可以根据自己的实际执行情况，进行适当的调整或者降低目标。无论要完成什么程度的目标，都缺少不了意志努力。试想在上面的案例中，如果晓强继续随意随性地走到哪里算哪里，那他的目标是达不成的。因此，加强和提高自己的意志力和意志品质，是完成计划、实现目标的保证。

1. 意志与意志品质

意志是为了实现一定的目的，根据目的来支配调节行为，从而实现预定目的的心理过程。任何人的实践活动都有意志的参与，人们正是通过意志活动来改造、变革现实，以满足自己和社会的需要。

意志主要通过发动和抑制这两种作用形式来调节每个人的行为。所谓发动，是推动人去从事达到一定目的所必需的行为，这种力求达到一定目的的完全有意义的行动，就是意志行动。所谓抑制，就是制止与预定目标相矛盾的愿望和行动。人应该具有自制力，即善于控制自己的感情、约束自己的语言、支配自己的行动的能力。如果不能排除各种内在干扰，适当克制自己的愿望和内在感情，就不能有效地实现自己的目标。

在中职时期，同学们常常表现出意志薄弱的情况有：学习自觉性不高，很难自觉主动地学习；做事情没有长性，遇到一点挫折就容易半途而废，不能坚持到底；还有的做事犹豫，优柔寡断，没有果断性；也有相当一部分同学主观上想积极上进，但总是自己控制不住自己。一般认为，自觉性、坚持性、果断性、自制性是构成一个人意志品质的四个基本因素。

2. 如何提高意志品质

意志品质不是天生的，主要是通过后天培养的。儿童在幼儿阶段和小学低年级阶段就会表现出意志品质的初步状态；从中学阶段开始，意志品质各个因素的发展速度开始加快。因此，在中职时期，我们必须抓紧培养意志品质。

意志品质主要在实践行动中培养。教师及家长适当地讲讲道理是必要的，但关键是我们自己的主观努力和客观实践。研究表明，处于中职阶段的青少年时期，是进行意志锻炼的关键时期。培养意志品质的方法很多，而且因人而异，但大致说来以下几个方面具有较普遍的参考价值。

目标明确

人的意志活动，总是指向一定的目标的。目标的性质决定了意志的强弱。我们只有确立了与自己的学习和生活实际紧密相连的奋斗目标时，才能具有坚忍不拔的意志。目标必须明确而适当，越明确、越具体，越能有的放矢、始终如一、坚持到底。过难或过易的目标，都不利于培养和锻炼人与困难作斗争的毅力。譬如，不要说诸如此类空洞的话："我打算多进行一些体育锻炼"或"我计划多读一点书"，而应该具体、明确地表示——"我打算每天早晨跑步30分钟"或"我计划每周一、三、五的晚上读一个小时的书"。

计划切实

目标一旦确定，就必须拟订切实可行的行动计划，包括行动的步骤、方法和手段的选择。在制订计划时，要正确分析实现计划的主客观条件、采取各种手段的有效性和合理性。只有理智地分析各种因素、权衡利弊，才能确定既能达到目的又适合个人实际条件的可行计划。意志坚强与否，能从执行计划的过程中得到如实反映。坚强者行为果断，并能够持之以恒；薄弱者往往容易心生动摇，半途而废。需要强调的是，计划一定要实事求是、量力而为，如果规定自己在3个月内要自学完一年的课程或者一天必须从事5个小时的体育锻炼，那么对这样一类无法实现的目标而言，再坚强的意志也无济于事。而且，失败的后果会将最终使自己再试一次的愿望化为乌有。

积极主动

一般说来，困难来自以下几个方面：在执行决定的行动中，要有巨大的智力和体力，要克服个性中原有的消极品质，如懒惰、保守、不良习惯等，要忍受由行动或行动环境带来的种种不愉快的体验等。要克服这些来自主客观的种种困难，就需要迎难而上、坚忍不拔的精神，否则，就不能到达胜利的彼岸。积极主动的精神能让人们克服惰性，把注意力集中于未来。在遇到阻力时，想象自己在克服它之后的快乐，积极投身于实现自己目标的具体实践中，就能拥有坚忍不拔的信心和勇气。

坚持不懈

俗话说"有志者事竟成"，其中含有与困难作斗争并且将其克服的意思。常言道"善始容易，善终难"，意志的锻炼，必须具有持之以恒、善始善终的品质。大凡有志有获者，均是数十年如一日、专心致志、锲而不舍的意志坚韧者。在执行决定的过程中，常有与既定目的不符合的、具有诱惑力的事物的吸引，这就要求我们学会控制自己的感情，排除主客观因素的干扰，心无旁骛，使自己的行动按照预定方向和轨道坚持到底。那种见异思迁、半途而废的行为，正是意志薄弱的表现。"无志者常立志，有志者立长志"，正是对意志强弱的生动写照。

总之，坚强的意志不是一夜间突然产生的，它在逐渐积累的过程中一步步地形成。实践证明，每一次成功都将会使意志进一步增强。每当用自己顽强的意志克服了一种不良习惯，那么就能获取与另一次挑战决斗并且获胜的信心。每一次成功都能使自己的自信心增加一分，给我们在不断完善自我、超越自我的艰苦征途上，提供一个坚实的"立足点"。

应该说，每个人都有一定的意志，只是强弱程度不同。如果具体分析，其强弱的具体环节也各不相同，因此，要从每个人的实际出发，摸清自己意志品质的薄弱因素，找准弱点，有针对性地采取克服措施。

比如，有的同学做事情虎头蛇尾，一开始决心很大，干劲很足，但是三天热乎劲儿过去后就稀松平常了。这种同学意志品质的优势在确定目标、确定行动阶段，而弱点在于坚持性和自制力上。如果你是这样的，那么就应该在确定目标之后及时给自己打预防针，提醒自己一旦干起来，就要克服困难坚持下去。在行动过程中，则要努力正视困难、克服困难，加大自我管理的力度，不断进行自我激励。在接近目标时，尤其要明白"行百里者半九十"的道理，即"要走一百里路的人，把走了九十里只当走了一半"，做事愈接近成功愈艰难，愈要认真对待。相信你经过几次这样的过程，自己意志的薄弱环节就会得到改善。

再如，有的同学做一件事开头犹犹豫豫，难下决心，而干起来之后能够较好地坚持。这种同学的优势在于执行计划较好，而决定计划方面薄弱，内、外因素干扰使他难以果断作出决定。如果你是这样的，那么就应在一个行动的起始阶段，详细分析利弊因素，尽快确定目标，培养自己的果断性。

另外，需要注意的是，在每个人意志品质的表现过程中，始终伴随着理智因素和情感因素。如果你想改变自己，那么最根本的动力来源于你发自内心的改变自己形象和把握自己生活的强烈愿望。道理有时可以使人信服，但只有在感情因素被激发起来时，你才能真正加以响应。例如，对知识的热爱或对未来的美好设想，就可以成为许多同学克服求学路上艰难坎坷的强大动力。一个对所要达到的目标抱着漠然态度的人，常常是难以表现出坚强的意志的。

心灵训练

1. 自我意志小测试

请根据自己的实际情况和表现的程度，选择一个最符合自己的选项。

（1）当我决定做一件事时，就马上动手，绝不拖延。

A. 很符合自己的情况　　　　B. 比较符合自己的情况　　　C. 难以回答
D. 比较不符合自己的情况　　E. 很不符合自己的情况

（2）我能长时间地做一件枯燥，但却重要的事情。

A. 很符合自己的情况　　　　B. 比较符合自己的情况　　　C. 难以回答
D. 比较不符合自己的情况　　E. 很不符合自己的情况

（3）我没有睡懒觉的不良习惯，即使冬天也按时起床。

A. 很符合自己的情况　　　　B. 比较符合自己的情况　　　C. 难以回答
D. 比较不符合自己的情况　　E. 很不符合自己的情况

（4）如果需要的话，即使对某件事不感兴趣，我也会努力去做。

A. 很符合自己的情况　　　　B. 比较符合自己的情况　　　C. 难以回答
D. 比较不符合自己的情况　　E. 很不符合自己的情况

（5）我喜欢长跑、登山等可以考验自己毅力的运动。

A. 很符合自己的情况　　　　B. 比较符合自己的情况　　　C. 难以回答
D. 比较不符合自己的情况　　E. 很不符合自己的情况

（6）没做完功课我就不会去玩儿。

A. 很符合自己的情况　　　　B. 比较符合自己的情况　　　C. 难以回答
D. 比较不符合自己的情况　　E. 很不符合自己的情况

（7）只要学习需要，没有人强迫，也可以坚持一个月不看电影和电视。

A. 很符合自己的情况　　　　B. 比较符合自己的情况　　　C. 难以回答
D. 比较不符合自己的情况　　E. 很不符合自己的情况

（8）哪怕借到一本十分喜欢的小说，我也会尽量忍住不在上课时拿出来偷看。

A. 很符合自己的情况　　　　B. 比较符合自己的情况　　C. 难以回答

D. 比较不符合自己的情况　　E. 很不符合自己的情况

(9) 我给自己制订的计划一般能够如期完成。

A. 很符合自己的情况　　　　B. 比较符合自己的情况　　C. 难以回答

D. 比较不符合自己的情况　　E. 很不符合自己的情况

(10) 我绝不拖延应交的作业，哪怕做到很晚。

A. 很符合自己的情况　　　　B. 比较符合自己的情况　　C. 难以回答

D. 比较不符合自己的情况　　E. 很不符合自己的情况

评分说明：选 A 得 4 分，选 B 得 3 分，选 C 得 2 分，选 D 得 1 分，选 E 得 0 分。总分大于 35 分，属于意志坚强的类型；如果得分介于 25～35 分之间，说明意志力比较坚强；得分介于 15～25 分之间属于意志力一般；得分小于 15 分者，则属于意志力比较薄弱的类型。

我的测试结果是：

_____

_____

_____

2. 意志坚强与意志薄弱的大讨论

(1)"意志坚强者的特征"全班讨论要点：

_____

_____

(2)你最看重其中的哪些特点？你希望拥有哪几项？

_____

_____

(3)"意志薄弱者的特征"全班讨论要点：

_____

_____

(4)你自己有什么意志薄弱的特征吗？你想如何改善这些方面呢？

_____

_____

心灵拓展

你的意志薄弱的表现有哪些？对你的学习和生活造成了哪些消极影响？今后准备怎样进行改善？请分项逐一填写意志行为表现检查表，并作自我分析及行为改变计划。

意志行为表现检查表

事　　件	意志薄弱的表现	对我的影响	今后我要加强之处

第5单元

亲情与友情——人际交往的艺术

主题1 结交新友，发展知己

心灵故事

在美国伊利诺伊州，一个13岁的男孩马克要接受医生用化学疗法来为他医治白血病，这可能导致他的头发一根不剩。

当这家学校第七班和第八班的15名同学知道马克的治疗以及头发掉光的后果时，也决定把自己的头发剃光，以表示对马克的支持。到了星期四，连同马克在内的16个少年，只有两个人还没有剃光头。其中一个说要等到今天才剃头，另一个便是马克，他周三由医院回到家中，头发还是好端端的原封未动。

马克最近才知道自己患上了白血病，他从上周开始接受化学治疗。他的同学拉瓦斯于是想出了剃头这个想法，但说明一定要比马克先剃。学生们还为这件事找过校长罗必斯。校长赞同这次活动，还说让孩子们在课堂上戴帽子保温。

至于这群孩子的光头保持到什么时候，他们异口同声地说，"直到马克的头发长出来"。

你看完这段报道后有何体会？

_____

_____

你觉得他们够不够朋友？如果你班上的同学治病后会头发掉光，你是否会剃头表示支持？如果马克是你最好的朋友，你会如何表达你的支持？

_____

_____

💗 心灵智慧

"知己难求""人生得一知己足矣"，这些古老的话语表达了知己的可遇不可求，也表达了知己的可贵。在我们的生命中，倘若能找到莫逆之交的好友，真是人生的一大快事。在对中职生的调查中，我们发现很多同学都渴望与人建立一种超越普通朋友、可以诉说内心秘密的深层关系。其实，不论对什么年龄段的人，都会有寻求知己好友的心理需求。

心理学家威廉姆指出，每个人都有三种基本的人际需求：爱、归属和控制。爱的需求反映一个人表达和接受爱的欲望，归属的需求是希望存在于他人团体中的欲望，而控制的需求是希望成功地影响周围的人与事的欲望。

人们根据两个人互相满足对方心理需求的程度来区分点头之交、朋友和知己好友。

1. 点头之交

点头之交是指那些我们知道其名字，有机会时会与他们谈话，但与他们的互动在质和量上都有限的人。或许你班级的很多同学都是你的点头之交，因为你们除了班里必要的接触外，从来都没有主动联络过，在其他场合的会面也纯属偶然。

请写下10位点头之交的名字（可以用你能看懂的符号代替）：

_____

_____

2. 朋友

日久之后，我们会与许多认识的人发展出较亲近的关系。朋友就是那些我们自愿与他们建立更多个人关系的人。阿健和大天偶然被分到一组做物理实验，原本很陌生的他们由于都对实验合作很满意，所以决定下课后一起吃饭。他们彼此都感到相处很愉快，阿健就邀请大天加入他们的羽毛球活动组，从此保持了固定的联系,建立了友谊。

你想到"朋友"这个词,心里会有什么感觉?好朋友具有以下特点:第一是温暖、有感情。朋友之间能相互支持、相互鼓励,相互之间会有情感的交流。第二是值得信任。信任是相信朋友不会出卖自己、背叛自己和伤害自己。第三是能自我表露。由于感受到温暖并有彼此的信任,我们会向朋友作自我表露,与他分享个人的情感。自我表露的深度与关系的亲密程度密切相关,关系越亲密,自我表露就越深;反之亦然。第四是有所承诺。好朋友在对方需要时会想办法彼此协助,愿意为对方付出。第五是朋友们期待关系的增进和持久。转学、换工作、搬家都不会破坏友谊,有些朋友一年只见一两次面,却仍然是朋友,因为他们在一起时,总能自在地分享想法和感情,并且能彼此给以忠告。

请你写下五位朋友的名字,并写出你们在哪种情景认识,是什么吸引你认识他们的,在友谊发展过程中,哪种特点使你体会最深?

姓名	初识情景	他/她的吸引点(举例说明)	你与他/她友谊的特点(举例说明)

3. 知己好友

知己好友是最亲密的朋友,是那些可以和我们分享内心深处的感受和秘密者。知己好友不同于一般的朋友,虽然普通朋友之间有某种程度的自我表露,但他们并没有分享生活的每一个层面,而亲密朋友则能了解同伴内心最深的感受。这种亲密度也表现在一个人愿意为了自己亲密朋友的利益、感受而放弃与其他人的关系,同时也会比其他人更多地涉入对方的生活,给他更大的影响。

你认为知己好友应该具备下列哪些特征?请在项目前的空格里打"√"。

☐　　给予支持与鼓励　　　　☐

☐　　关心对方　　　　　　　☐

☐　　愿为对方牺牲　　　　　☐

☐　　彼此勉励一起成长　　　☐

☐　　忍耐　　　　　　　　　☐

☐　　忠诚　　　　　　　　　☐

☐　　坦诚　　　　　　　　　☐

☐ 乐于倾听 ☐

☐ 兴趣相近 ☐

你与目前最好的朋友之间有上述哪些特征呢？请在项目后的空格内打"√"。

你现在有无知己好友呢？如果有，你认为是什么原因使得你们发展成为知己好友的？如果没有，你认为原因是什么呢？

_____

_____

_____

心灵训练

人生的道路上我们会痛苦和迷惑，也可能因为走弯路而带来悔恨和自责。在这些灰暗的时刻，倘若有要好的朋友在我们身边，关注我们、支持我们，给我们勇气，让我们重新振作继续前行，我们的人生路将会更加稳当、更加精彩。

每一个朋友都是由陌生到熟悉、由熟悉到亲密，没有谁能够从陌生一下子成为我们的知己好友。因此，我们要学习获得如何与一个陌生人成为点头之交，然后再成为朋友，甚至成为知己好友的能力。

1. 练习"开始交谈"

你知道班级里面有个人很不错，希望与他成为朋友，但如果你们不开始交谈，你们之间就什么也不会发生。直到你走过去，鼓起勇气对他说："嗨，你好！你觉得这个老师讲得怎么样？"或者"我知道你的篮球打得很好，你们下次玩儿时叫上我，好吗？"你们才有可能成为朋友。

由于第一印象对于以后关系的发展有很大影响，故对于那些与陌生人开始交谈有困难的人来说，如果碰到你希望与之结识的陌生人，比如在球场上碰到外校的学生、校外实习时的新同事、朋友生日聚会时遇见朋友的朋友等，可以试试下面四种策略：

正式或者非正式的介绍自己。这是很老套却也是最简单有效的开始交谈的方式。"你好！我是林文冲，可以认识你吗？"如果你觉得这样不自在，你可以请你的朋友介绍你们认识。

谈论环境与天气。"北京今年的天气太糟了！从前也是这样吗？""这里的装修真漂亮！你来过吗？"

谈谈自己的想法或感觉。"我很喜欢这样的生日聚会，你呢？""我觉得上海申花队的表现非常一般。你认为呢？"

谈论另一人。"这是我第二次参加覃志平的生日聚会，我觉得他这个人很豪爽。你认识他多久了？"

注意： 上述四种方式都是以问题的形式出现的，以便邀请对方作出反应。这时，如果他很愉快地回答你的问题，表示他乐意与你继续交谈；拒绝回答或者冷淡的回答，表示可能他对你不感兴趣。当然，拒绝谈话也可能是因为他现在心情不好、不想谈话。

现在，请大家分小组练习"开始交谈"的上述四种方式。要求每组 5～6 人，扮演不相识的陌生人，互相开始交谈。然后选出最有创意的交谈方式，向全班报告。

2. 迈向亲密

两个人由陌生变为相识，彼此都有很好的印象后，他们慢慢会增多互动，希望更加了解对方。俩人会分享自己对生活中某些问题的看法和感受，比方说对班里某位同学的表现作一番描述，然后说出自己对此的评价等。当意见和感情倾向较为一致或者都能从对方那里得到新的有益的见解时，两人都会觉得满足，相互的友谊就慢慢形成了。因此，迈向亲密关系必须有较多的自我表露，我们经常希望能有知心朋友向自己倾诉内心深处的秘密，但应该知道，倾诉内心最深处的秘密必须要从表露不那么隐私的秘密开始。因为自我表露是有风险的。例如，王渐视杜文楠为可信赖的朋友，所以告诉他自己喜欢别班一个女孩子。可是杜文楠却在不经意间将此告诉另一个同学，几天之后，所有人都知道了王渐的意图。王渐的自我表露给自己带来了不曾期待的结果，以后他会非常小心地向他人表露内心想法，甚至不再表露。

下面就让我们来看看自我表露应该注意哪些原则？每个人自我表露的差异怎样？

自我表露的原则
- 表露那些你希望他人也向你表露的信息。
- 只有在你感觉很安全时，才表露较亲密的信息。
- 当有回报时，才继续亲密的自我表露。
- 渐进式地将自我表露推向较深的层次。
- 只向关系牢固的亲密朋友表露内心深处的感受。

你要记住，我们通过自我表露来建立稳固而令人满意的友谊，我们在自我

表露过程中也会得到满足。但是，倘若我们违反这些规则，不恰当的自我表露不仅无助于关系的建立，反而会使我们受伤。

自我表露的差异

下面的练习将帮助你了解人们所能接受的自我表露的差异。请在下面各项目前标注其类型：①L，低风险，表示可以向任何人表露这个内容。②M，适度风险，表示可以向你熟识的人和朋友表露。③H，高风险，只能向少数十分信赖的朋友或者最亲密的朋友表露。④X，表示不能向任何人透露。

__你的嗜好和打发多余时间的方法。

__你喜爱和讨厌的音乐。

__你的教育背景和你对它的感觉。

__你对政治、外交和经济政策的看法。

__你的个人宗教观点和信仰的宗教。

__目前困扰你的习惯和行为。

__使你自豪和满足的特质。

__详细说出你生命中不快乐的事。

__详细说出你生命中最快乐的事。

__你生命中最后悔的事及其原因。

__你生命中未完成的主要愿望和梦想。

__你最感罪恶的秘密。

__你认为该如何保持身材。

__你对身体最满意的部位。

__你对外表最不满意的部分。

__你生命中最憎恨的人和原因。

__你酗酒和服用违禁药品的情况。

__和你有亲密的异性关系的人以及你们的关系情况。

分组讨论你对上述项目的标示情况。注意：并不是要讨论上述项目的具体内容，也不要作任何自我表露，只是讨论你为什么标这一项为L，而另一项为X。也许有些项目你并不具有，就按照你的理解标注，也可以不标注。通过讨论，我们可以看到小组成员对隐私的认同是否一致。

心灵拓展

懂得了原则与道理是远远不够的。倘若你并不打算把上面的内容付诸实施，那这些原则与做法就毫无意义。既然我们已经受够了没有朋友、没有知己的生活，为什么不从现在做起，去改变这糟糕的生活呢？

如果你的朋友很少，你很想多结交一些好朋友，那么给自己制订一个计划，要求自己在一周内和你有意结交的 5 个人开始交谈，并尝试寻找共同感兴趣的话题，并请把过程写在下面的表格中。

姓　名	时　间	地　点	第一句话	共同的话题	自我评价	改进措施

如果你有很多朋友，但还没有知己好友，根据"心灵智慧"部分中的原因分析，想想是该改变自己，尝试向某位朋友做渐进的自我表露，还是继续寻求值得信赖的朋友？不论是哪种情况，你都应该有所行动。

如果你已经拥有知己好友，那么恭喜你，这是非常幸运的事情，要好好维系你们的友谊。你需要给他/她写一封信，告诉他/她能与他/她做最好的朋友，你是多么开心。你可以回顾一下你们友谊的成长发展过程，以及在过程中的感受。

主题2　情感共分享

心灵故事

班级里讨论如何在教师节向老师表达内心的感谢，钟鸣说，"我们可以买一大束鲜花和一张卡片……"还没说完，江海涛打断他说："多么老土的主意！你以为现在还是 20 世纪吗？"钟鸣听后，心里很生气，然而他克制自己没有说话，他知道如果他说话将会是什么后果。

吃午饭的时候，睿子看到阿维还在设置新买的电子记事本，就为他打了饭回来。阿维心里很感动，但他还在忙，扭头说了声"谢谢"，随手就把饭盒放到旁边了。

钟鸣或者阿维沟通的问题是什么？

_____

_____

_____

如果你是钟鸣或者阿维，你要怎么表达你的感受？

_____

_____

_____

现在与你的同桌分别扮演上面的角色，试试看怎么说比较好。

心灵智慧

情感表达是人际沟通中最重要的内容之一。我们可以与许多人谈天论地，但不会从内心里面认同他是自己的朋友，主要就是因为没有情感的交流。另一方面，很多关系的恶化，也是不恰当表达情感的结果。因此，可以说，成亦情感，败亦情感。

生活中我们都经历过各种情感，如收到好朋友来信时的快乐，考试失败后的失望与沮丧，被家人或老师误解后的无助，被他人攻击时的愤怒等。该怎么处理这些情感呢？是像上述例子中钟鸣的压抑自己还是像阿维一样疏于表达？

一般而言，处理这些情感的有效办法不是压抑它们，也不是毫无保留地表达出来，正确的办法是描述感情。下面分别来讨论这些方式。

1. 压抑情感

钟鸣在受到江海涛的批评后，尽管心里很愤怒，但没有作声，他在压抑自己的感情，不让自己内心的感受当时就流露出来。他也许选择向其他人倾诉，表达自己对江海涛的不满；也许他谁也不说，只是在回家的路上把一个垃圾箱踢翻；也许他会憋在心里，等江海涛下次再这样的时候，给他一个总清算；也许他什么也不做，让自己的愤怒慢慢消失。这几种方法都有不足之处。这些做法的最大问题就在于，江海涛根本不知道自己的言语已经激怒钟鸣，他下次还有可能这样做。心理学家研究发现，习惯性的压抑情感会导致生理问题，如胃溃疡、心脏病等；也会形成心理问题，如抑郁等，还会给人冷漠、没有感情的感觉。因此，钟鸣选择压抑情感，不仅会影响他与江海涛的关系，还会影响自身的健康。

不过，在不重要的情况下或者你的情绪还不是很大的时候，压抑情感是合适的做法。如你看到公共场合一个陌生人的自私行为有些生气，但你最好选择压抑你的情感。

2. 流露情感

流露情感是指通过语言、面部表情、肢体语言或者语调、语气的反应来表达感情。在运动竞赛中，对精彩表现大声欢呼和因球队糟糕表现而投掷手纸；当他人帮你时，因感到高兴而对他人微笑；在食堂排队时，对加塞儿而且出言不逊的人施以拳脚等，都是情感的流露。

如果我们所体验到的情感是正面的，如快乐、感激、喜悦、满足、成就感等，流露出来就是正当的；没有表达出来，会让人感到你冷漠或没有感情。例如，睿子给阿维买回午饭，阿维仅仅淡淡地说声"谢谢"，可能会让睿子感到有些不舒服。她可能会想，是他不喜欢我帮他买饭呢，还是他不喜欢吃那种菜？我以后还是少管闲事好了。如果阿维看着睿子，真诚地说："谢谢你啊，睿子，我正想可能没有时间吃午饭了。你帮了我很大的忙，你真是个好心人！"下一次睿子可能还会继续帮他。事实上，现在是改变所谓含蓄的美德的时候了，很多人需要多表示一些正面的感情。早晨上学的时候和晚上回家的时候，我们有没有向父母问好？把我们心中那种美好的感觉都表达出来，会让我们周围的人感觉更温暖，向我们关心的人表达自己对他们的祝愿和关心，并不比我们为他们默默付出次要，更不妨碍我们为他们做事和付出。

但倘若我们所体验的感情是负面的，是愤怒、烦躁，那么不加掩饰的流露，会有害沟通，甚至会伤害和恶化关系。例如，在第一个对话中，如果钟鸣瞪着双眼，大声喊叫："我老土？看你的土样子还好意思说别人？"那么不仅无法进行表达对老师谢意的讨论，恐怕两个人的关系还会受到很大伤害，相互之间平添了许多敌意。

如果压抑感情和流露感情都是无效的，该如何处理呢？可以试试"描述情感"。

3. 描述情感

描述情感是以平静的、非批判的方式叙述情感的本质，这是最有效的表达情感的方式。这首先需要清楚地确认你的感觉。是有点不舒服、不愉快、愤怒还是狂怒，是烦躁、焦虑、生气还是厌恶，是害怕、忧郁、担忧还是不安，是悔恨、困窘、狼狈还是慌乱等。因此，你在把情感描述出来之前必须要等一下，想清楚。然后，寻找适当的语言表达你感觉到的情绪，并尽可能地具体。要指出什么人的什么行为是造成自己这种感觉的起因。最后，用尽可能平静的语气和腔调，将起因和带来的情绪表达出来。

例如，钟鸣看着江海涛，平静地说："江海涛，我是认真地在提建议。你这样批评我，我觉得很生气。"那么江海涛会意识到自己说话的方式有问题，而尽力避免再发生。

再如，阿静给你起了个绰号"豆子"，你很不喜欢它。你不知道或者不确定阿静这样叫你，到底是喜欢你呢还是耍弄你，或者她只是想用特别的方式对待你。这时，你要告诉她："阿静，我不喜欢这个绰号，请你别这么称呼我。"当你明确地描述了你的感情后，阿静的态度就会很明显。如果她没有恶意，她就不再这么称呼你；如果她有恶意，你的重点就转变为面对她的恶意的问题了。如果你没说，即便她没有恶意，她也会这么叫下去。

有人会认为，把感情描述出来会对他人或者关系造成伤害。例如，小文和瑞文是一对好朋友，她们感情很好，都很在意对方。唯独一件事情让小文不舒服，那就是瑞文在吃东西时，总是把嘴巴吧唧得很响。两个人在一起时还无所谓，但在餐厅吃饭时就会引来很多目光，让小文感到很尴尬。小文认为不能对瑞文说，因为她担心那样会伤瑞文自尊。其实，这样做是不对的。因为小文无法让自己做到不介意它，所以时间久了，这份不满累积起来，会导致小文在别的事情上对瑞文恶言相向或者在某种压力下爆发很激烈的情感，使瑞文受到伤害。如果小文不带批判色彩的向瑞文描述她的感觉，也许问题就解决了。

"瑞文，你是我最好的朋友，所以我想给你提个意见，可以吗？"

"噢，你说说看？"

"你有没有意识到你吃东西的时候会发出很大的声音？"

"啊？真的吗？天哪！"

"你别担心，也不是什么特别大的事情。如果你需要，我会提醒你注意。"

经过两人的讨论，可能瑞文就改掉了这个习惯，也可能由于小文把自己的情感表达出来了，也觉得没什么大不了的，心里就不再介意了。

心灵训练

1. 自我练习

在下列各组叙述中，在描述感情的句子前面打"√"。

（1）__ A. 那部电影好棒！

　　 __ B. 这部电影真令我振奋！

　　 __ C. 我觉得这部电影该得金像奖。

　　__ D. 太棒了！

(2)　__ A. 我觉得你是个好作家。

　　　__ B. 你的文章催人泪下。

　　　__ C.(轻拍作者的背)写得好！

　　　__ D. 每个人都喜欢你的作品。

(3)　__ A. 真恶心！

　　　__ B. 如果情况没有改善，我就会搬家。

　　　__ C. 你看过这么大的洞吗？

　　　__ D. 黑暗的走廊让我觉得恐惧。

(4)　__ A. 我不适合当班长。

　　　__ B. 该死！我做错了！

　　　__ C. 对于当好班长，我觉得有困难。

　　　__ D. 我对我的协调组织能力感到沮丧。

(5)　__ A. 我是胜利者。

　　　__ B. 我认为我胜了，因为我是最符合资格的。

　　　__ C. 我做到了，我赢了！

　　　__ D. 我对得奖感到欣喜若狂。

答案：1. B　2. B　3. D　4. C、D　5. D

2. 合作练习

与同桌合作，分角色扮演下列情境，然后轮流描述自己的感情，并写下来。

(1)王一的同桌没有打招呼就借走了他的复读机，第二天上学时，把复读机还给他，说："谢谢你的复读机！"

回应：_____

(2)安迪拿起睿子用了一周时间写好的实习报告，皱着眉头说："不怎么样。"

回应：_____

(3)智元、伊健和大康一起做值日，结果每次大康都借口不做。今天下课后，大康又说："我今天要去医院看我奶奶，值日就拜托二位了！再见！"

回应：_____

心灵拓展

回想昨天和今天的事情，记录两天来你什么时候特别快乐、生气、失望、

兴奋或者悲伤。你是如何表达的？是压抑、流露还是描述呢？

如果明天遇到同样的情况，尝试把你正面的、愉快的感情流露和描述给带给你快乐的人；把你负面的感情描述（而不是流露）给带给你不愉快的人。把上述内容都记下来，填写在下面的表格内。

我当时的感受	我当时的表达	我表达的性质 （压抑/流露/描述）	改进后的表达

主题3 　 我明白你的感受

心灵故事

期中测验过后，物理成绩发下来了。

麦子："啊！才75分！不可能吧！"

同桌大明："我更少，才65分，真丢人。"

麦子："完了。我爸希望我这次考试名次能上升一点，看来没戏了。你说他还会给我买电脑吗？更可怕的是我老爸又要失望了，我真害怕看他那张脸。"

大明："我也好不到哪里去。我语文85，数学92，英语90，就是物理太糟糕了。我初中就不爱学物理，主要是我不喜欢那个老师。可是，现在的老师也不令人讨厌啊，我还是不爱学。要是不上物理就好了。"

叶子："梅梅，你说他会喜欢我吗？我昨天在路上碰到他，他只是点点头，连一点特别的表情都没有啊。我觉得他对我一点意思都没有。"

梅梅："你就那么喜欢他啊，不高也不帅，我就看不出他有什么好的。"

你认为他们的沟通有问题吗？问题何在？

_____

_____

你认为应该如何改进呢？

_____

_____

与你的同桌互相演练一下你们改进后的对话。

心灵智慧

上述两个例子中的对话都不是良好的沟通。回应者对讲话人的观点、内在情绪没有丝毫反应，回应者几乎完全是借助讲话人的话题来谈论自己的事情，看起来两个人的对话是在说同一件事，但可惜是貌合神离，这样的谈话是无法深入的。第一段对话中，麦子向大明表达的是由于物理成绩差而无法向父亲交代所带来的焦虑和不安，大明根本没有察觉，他的注意力都在自己的物理成绩上了。而梅梅的表达就更糟糕了，她不仅没听出叶子内心的忐忑不安，反而对叶子的观点给予批评。讲话人无法从回应者那里得到积极有效的回馈和支持，会产生得不到理解的感觉。

我们要有效地与人沟通，建立和谐而深入的人际关系，不仅要学习如何表达情感，还要学习如何回应他人的表达。你希望与他人达成默契，拥有超出一般关系的友谊吗？拥有善解人意、能体会他人感受的能力，是不可或缺的。这种能力就是同感，这是有效回应他人表达的最重要能力，也是良好沟通的基础。

1. 同感的表达

同感是对讲话人的内心世界有准确的、如亲身体验般的了解，并用语言向他表达出来。当你喜爱的人、尊敬的人或者看重的人，能准确地了解你的担心、恐惧、痛苦、欢乐的感受时，你心里会感觉很舒服，负面的感受会减轻，正面的感受会更强烈。一个陌生人能做到这一点，你会觉得他很理解你，甚至视为陌路知己。同样地，他人也希望得到你的同感，希望你能了解他们的内心，他们的担心、恐惧、痛苦、失落和欢乐。

举例来说，如果第一个对话改为如下过程，那么大明的回应就是同感的回应：

麦子："啊！我的物理怎么才得了 75 分！不可能吧！"

大明："麦子，你好像特别失望，对吗？"（尽管自己的成绩也不理想，但还是先对麦子表示关心。）

麦子："是的。我爸希望我这次考试名次能上升一点，看来没戏了。你说他还会给我买电脑吗？更可怕的是我老爸又要失望了，我真害怕看他那张脸。"

大明："我看得出来你很担心。是不是不好向你老爸交代？我想只要你真的努力了，你老爸不会只在乎成绩的。"

麦子："但愿吧！不过，这学期我的确在物理上下了很大工夫。哎，大明，你呢？你考得如何呢？"

有同学可能会问，同感与同情不同吗？对！同感不等于同情，虽然同情也是对交谈的内容有切身的了解，所不同的是，同情是接收者了解了交谈内容后，自己产生了怜悯或者为对方所感动的情感；同感并非自己产生这种情感，只是能准确地了解对方的情感是什么。因此，同感是对他人情绪的了解，而不是参与到他人的情绪之中。

2. 增进同感的能力

同感与对他人的关心和专注有很大关系。只有关注对方、关心他的内心感受，才能达到同感的水平，这并不要求你已经与对方有很深的关系。如前所述，哪怕是陌生人，只要能做到专心和专注于对方的感受，也能有很好的同感。

当一个人开始和你谈话时，你可以先在内心问自己："这个人现在的心情怎么样呢？"而要回答这个问题，你就要继续问自己："如果我处在他的情况下，我会有什么感受呢？"对方是什么情况呢？第三个问题就是："他的姿势、精神状态、语气和腔调里面，有哪些线索反映了他的什么心情呢？"因此，要增进同感能力，还要专注于对方的非语言线索。心理学家研究发现，当人们专心观察时，他们看出他人高兴、悲伤、愤怒、痛苦等情绪的正确率在90％以上。

要增进同感的能力，还要尽可能地丰富自己表达情感的词汇，一方面可以更准确地描述对方的情感；另一方面也会让自己的回应更贴切。

心灵训练

在我们对中职生所作的调查中，有相当大比例的同学反映与父母无法沟通，理由多种多样：有的说与父母言语不合、不能正常交流心中想法；有的说父母唠叨；有的说父母不理解自己；还有的说缺乏共同思想、时代不同、想法不同；有人不能理解父母的想法；也有人说与父母交流谈心的时间太少；还有父母无故发火、误解自己等。但同时绝大多数人又认为父母是爱自己的，关心自己的。

看来，还是沟通出了问题！我们需要尝试着用同感的思路去与父母沟通。

1. 角色扮演

与你的同桌进行角色扮演，回答问题并练习改进下列对话。

A. "小越，你昨晚上网上到几点？我 12 点睡觉时你房间还亮着灯。"

"你睡后一会儿我就睡了。"

"一会儿是多久？"

"一会儿还能是多久？"

"12 点半？1 点？1 点半还是 2 点？"

"爸，你怎么老是跟我上网上到几点过不去？你不相信我吗？今天是周末，你干吗管那么多？"

"周末就无法无天了？你想干什么就干什么了？我告诉你，你要是再这样，我就把电脑卖掉！"

"卖掉就卖掉！"小越嘟囔着，转身走了。

小越父亲在谈话开始的时候可能是什么情绪？

_____

_____

_____

小越父亲在谈话结束的时候可能是什么情绪？

_____

_____

改进后的对话可能是：

_____

_____

_____

_____

B. "萌萌，赶紧起床了！看看表都几点了？"

"妈，我再睡会儿！"

"还睡！赶紧起来念英语！初中就是因为贪玩贪睡，所以才考不上重点中学，还不吸取教训？"

"妈，你说了多少遍了？烦不烦啊？"

"还嫌我烦？我以前就是说得少！早知道现在，我以前就该这么督促你！你现在用功还来得及，你们学校的升学率也有 40%，别人能从这里考上大学，你为什么不行?"

"妈,我求您了,您别再唠叨了。"

妈妈为什么"唠叨"?"唠叨"背后的情绪是什么?

_____

_____

_____

萌萌这样的反应有助于减少妈妈的唠叨吗?为什么?

_____

_____

_____

改进后的对话可能是:

_____

_____

_____

2. 小组练习

在6~8人小组中,每位成员叙述一件让他有情绪反应的经验(不一定是要很强烈的情绪反应),但不要说出他的情绪反应是什么。当讲述人讲完情节后,小组讨论这个人的情绪体验,并说明他们根据什么语言和非语言的线索作此判断,他们的同感是根据自己的经验还是一种推论想象。最后,讲述人给大家说出自己的感受,看看大家的同感是否正确。

注:老师要提醒大家不要说出过于隐私的话题,以免引起不必要的麻烦。

心灵拓展

没有父母不爱自己的子女,也没有子女不爱自己的父母。是糟糕的沟通阻碍了我们家庭的和谐,我们决定改善沟通,从我做起,努力理解爸爸妈妈,追求融洽的家庭氛围。

回顾一周来与父母沟通的情况,把要点填写在表内。

父亲/母亲表达的内容	内容背后的感情	根据什么线索得出结论

主题4 支持中见真情

心灵故事

"我感觉我与阿连之间出了什么问题。他好像有意避着我，见面的时候也很冷淡。我不知道是不是因为上次考试之前发生的事情。在此之前我们是无话不谈的朋友，现在好像很疏远了。"

"我看得出来你很不开心。你害怕失去你们的友谊，对吗？为什么不和他谈谈呢？"

晚上的饭菜很丰盛，而且几乎都是阿吉爱吃的菜。

阿吉对妈妈说："妈，您工作这么忙，还做这么多好吃的菜，你真好！"

老师："王遥，我注意到你最近在学习上的一些问题，你想听听吗？"

王遥："老师，您说！"

老师："你这几次的作业比起以前来比较潦草，错误率也高。我还发现，你有时上课睡觉。最近发生什么事情了吗？"

看完上述几段对话，你感觉这样的沟通如何？他们的特点是什么？

_____

_____

_____

心灵智慧

我们在前面学习了如何有效地表达自己的情感、如何理解他人的情感，不过要与人建立深入友好的关系，成为要好的朋友，仅仅理解对方还是不够的，还要对朋友付出关心，让他知道你理解他、支持他。反过来，在你需要的时候，他也会向你表达他的理解和支持。成长过程中，我们会遇到痛苦、困惑，也会感受到喜悦和幸福。无论我们正在经历何种情感，如果有理解我们、支持我们的好友共同经历，那么我们的人生就会更精彩、更有意义。

那是不是有了支持的意愿，就一定能表达出来？其实，表达我们对他人的支持也是需要学习的课题。有时我们想安慰他人，结果越安慰越糟糕；有时我们想善意地指出他人的问题，期望他做得更好，结果却被人误解，伤害友谊；看到爸爸妈妈很辛劳，却不知道如何表达；我们内心明明有良好的愿望，可事实就是让我们灰心丧气，不知所措。

在练习表达支持前，让我们先了解有哪几种表达支持的方式。

1. 支持性回应

人们在表达情感的时候，通常是希望他人给一些支持性的回应。支持性回应是说一些安慰、赞同、减轻痛苦和让人平静的话语，它表示我们理解对方的心情和感受，也表示我们很关心对方的心情和感受。

不论是正面积极的情绪，如兴奋、快乐、喜悦、欢欣，还是负面消极的感受，如痛苦、抑郁、伤心、愤怒，都需要表达支持。对于正面情绪反应，我们如果体察到对方的心情，表达出来并不难，比如：

妈妈下岗两年了，今天终于找到工作。

妈妈："阿东，他们打电话来，通知我下周上班！真没想到这事能成！"

阿东："太棒了！妈，祝贺你！"

然后给妈妈一个拥抱。

在我们感到快乐幸福时，我们非常希望自己喜爱的人与自己一起分享。如果对方能够正确感受这种喜悦心情并表示出来，我们会感到更快乐。

相对而言，支持负面情绪较为困难。其中一个重要原因是，处在负面情绪中的人比较敏感，我们必须小心我们的用语，以免刺伤他；另一个原因是，当我们感到他人情绪糟糕时，我们会有压力，有时会感到不知所措而想离开。但是，处在消极情绪中的人更需要支持。表达支持会让对方觉得产生这样的情绪是可以理解的，有助于恢复情绪而不是更难过。比如：

妈妈下岗两年，今天去商场应聘又失败了。

阿东："妈，今天怎么样？"

妈一脸愁苦："他们不要我。大概是嫌我年龄太大了吧。"

阿东握住妈的手："妈，你是不是很难受？我知道你付出了很大努力，却始终没有结果。我想，他们10分钟的面试是无法发现你做事认真负责的优点的！"

阿东的话表明自己知道妈妈的心情，也知道妈妈付出了好多。同时他指出妈妈的优点与招聘方式的问题，将会减轻妈妈的失败感。

不过，同感的支持表达并不同于歪曲事实或者讨好对方。如果阿东说：

"妈，别难过，我就不觉得你年龄大，他们太过分了。"将无助于妈妈的情绪处理，因为妈妈知道商场对年龄的要求，而且面试失败，妈妈有权利难过。也许妈妈会因为儿子的关心而暂时忘掉不愉快，但失败的情绪并没有消除。

当然，同感的支持也不等于给建议。如果阿东说："妈，别难过，我们为什么不找那些没有年龄限制的工作呢？"这样给建议，不仅无助于缓解妈妈现在的难过，还会增加妈妈的不安而更难过，因为这暗含着："你知道商场都要年轻的售货员，干吗还去自讨没趣呢？"

一般而言，在情绪非常激烈时，用行动表示安慰的效果可能好于语言表达。握手、拥抱、搂着对方的肩膀，都是可以根据具体情况选择的方式。

2. 解释其他可能

当人们处在负面情绪中时，不仅会变得敏感，还会变得狭隘。你们可能会有切身体会：在心情差的时候，人们会固执地坚持极端的、负面的看法，会觉得生活一团糟，一无是处。这时候，我们为他提供不同的解释，有助于他走出消极情绪。

"英语老师肯定是因为上次给他难堪盯上我了，每次都提问我。"

"我知道这样让你很不舒服，不过也许你正好是名单上的第一个人而已。"

"我想他一定是不喜欢我。昨天在图书馆借书时碰到他，他只是礼节性地打个招呼就走了。"

"我了解你很在意他的一举一动。不过，他也许是担心在公共场合向你表达什么，会给你带来麻烦。"

有效的解释应该是仔细倾听对方的谈话、想出其他合理的观点，让对方知道有其他的可能。当然，在解释之前最好先给予同感的支持。

3. 称赞对方

当他人为你做了令你感激的事情或者做了有意义的事情，你要称赞他，并向他表达谢意。称赞他人时，要具体地描述你要称赞的行为，然后表达你的感受。做到这一点并不难，难的是拥有称赞他人的意识，因为我们很容易视为理所当然而忽略他人的正向行为。比方说本主题心灵故事部分中的第二个例子。妈妈为我们做饭是理所当然吗？当然不是！妈妈是为我们付出，我们不可因为其天天如此就忘了表达感谢。

4. 建设性批评

他人做了有益的事情，我们要表示赞赏和感谢；当他人做出错误的举动时，我们要指出或者批评以助他改进。反之亦然，当我们做错事情的时候，我们也希望他人能够给我们指出来，让自己有机会做得更好。批评有时显得比表扬更珍贵，更有益于我们的进步。但是在今天，真诚的批评（不是粗暴的指责）是那么的少，使得我们很少有机会看清楚自己的盲点；甚至只有等到错误的结果发生后，我们才开始察觉到自己的不足和错误；更有甚者，即使出现了不良的结果，有人也仍然不知道是自己错了。

这是为什么呢？因为无论是批评他人还是接受批评，都是在表达一种否定，这会让自己和对方都感到不舒服。尤其是表达不好的时候，批评和被批评都可能伤及感情。因此，我们要学习如何要求他人批评和如何给予他人建设性批评。

要求他人批评

当我们做事时，往往当局者迷。为了不发生错误，我们应该积极征取他人的意见，让他人对我们进行批评。在要求他人给予批评时，要坚持以下原则：

● 主动要求。从心里接受度来说，主动要求要比被动接受批评容易被人接受。

● 相信批评对自己有好处，真心要求批评。将对方的批评集中于所做的事情上，而不必在意对你这个人的批评。"你这样做真是太笨了！你应该先去专卖店询问价钱，然后再作决定嘛！"对于这样的批评，你不必介意他说你笨，你笨不笨并非由这件事所决定，只要记住他提的建议就好了。要求批评要真心，如果你嘴上问朋友："你喜欢这件外套吗？"心里却特别希望他说喜欢，你就不是真心要求批评。如果朋友发现你的意图，你将得不到有用的信息。

● 要求批评具体的问题。不要笼统地问一些观念、感受的问题。如果你问："大智，你对我的想法是不是有意见？"大智会认为你觉得他应该有意见，从而可能失去客观立场。如果你问："大智，我认为我们的打法应该是451防守反击型，你觉得呢？"这样便能促使大智针对这一具体问题谈出自己的看法。

● 确认自己准确理解了对方批评的内容。最好是用自己的语言重复一下对方的观点，以便确认自己的理解是否正确。

● 最后，不论你是否接受对方的批评，都要真心表示感谢。

给予建设性批评

当他人要求批评或者我们看到他人犯错误时，我们为他人好，应该给予批评。然而，倘若批评不当，就会带来负面的后果。给予批评一定要有建设性，同时应该遵循以下原则：

● 确定对方真心愿意接受批评。如果你认为应该给予批评，要先问对方是否真心要听；即便对方主动要求批评，也要观察其是否是口是心非。

● 尽可能先称赞后批评。赞扬要切题、适当。应该赞扬那些的确是值得赞扬的事情，而非生硬地运用本原则。只要是那件事情没有糟糕到一无是处，你就应先寻找它的积极意义，再批评其不妥之处。

● 批评时要对事不对人，描述行为而不是笼统评价。比如，当有人问你，"小亮，你觉得我今天的演讲怎么样？"不要笼统地回答说："我感觉不是很好。"你最好可以这样来表达："你在演讲的时候，眼睛不是看讲稿就是看天花板，缺少与听众的目光交流。"绝对要避免"你这样做真是太笨了"这样的批评，这种回应是最伤人的。

● 尽可能提出改进的方法，这会让对方感到你的真心实意。

总之，我们学习了支持、解释、称赞和建设性批评四种能够帮助人的回应方式。我们要熟练掌握这些技巧，必须关心对方、关注对方的情感，这些技巧都是以准确理解对方的心情为前提的。如果我们在人际交往中，忽视了对方是一个活生生的人，只想着这些技巧，是毫无意义的。

心灵训练

1. 自我练习

对下列不同的情景，分别提出支持性反应和解释性反应。

你看看！到处扔的都是脏衣服，墙上乱贴乱画，哪里还像学生宿舍！简直糟透了！

支持性反应：_____

（示例：这些学生把宿舍弄成这个样子，您很生气吧？）

解释性反应：_____

（示例：他们大概以为在高考期间，您不会检查卫生了。）

今天领导找我的麻烦。整整一天从早到晚，没有一件事情是顺利的。早上在医院为你爷爷换药花了太多时间，迟到了5分钟就被领导看见了。

支持性反应：_____

解释性反应：_____

爸爸来电话说，下个月就要退休了。他当小学老师一辈子了，要他离开学校会让他很寂寞。他的身体本来就不好，要是突然闲下来，恐怕心理上也很难适应。

支持性反应：_____

解释性反应：_____

2. 小组练习

就近5～6个人围成小组，针对下面的情景，考虑如何给予适当的建设性批评。然后在小组内分享，讨论看谁的批评最符合建设性原则，把小组讨论结果报告给全班。

你在学校油画学社认识了一个高年级同学，三个星期以来他给你很大帮助，你感觉自己对油画有了不同的理解。你们关系很好——只是你发现他随地吐痰，你感觉有点恶心。

你的批评：_____

全班最好的批评：_____

你有一个多年的好朋友，你们共同经历过很多事情，你很看重你们的友谊。但最近你发现她有一个变化——口臭。你还发现已经有人尽力避免与她交谈。她非常敏感，不太容易接受他人批评。

你的批评：_____

全班最好的批评：_____

心灵拓展

1. 回顾一周来你与他人的沟通，把其中需要提供支持性回应的过程写出来，分类填入下表。请重点审视你对他人的批评是否符合建设性的原则，应该如何改进。

人　物	沟通内容	我当时的回应	类　别	自我评价	改进后的回应

2. 写下1～3个你希望他人给予批评的行为。

_____

_____

_____

3. 请父母或者朋友对你的行为给予批评，注意自己对他人批评的情绪反应。

主题5 当冲突来临时

心灵故事

小杰："妈，能给我800块钱吗？"

妈妈："800？你要这么多钱干什么？"

小杰："我想买双耐克的篮球鞋。"

妈妈："你又不打篮球，要篮球鞋干什么？去年买的那双穿破了吗？你整天想着吃好的，穿好的，怎么就不想想学习呢？你什么时候能为自己的将来考虑考虑呢？"

天宇为了锻炼自己的组织管理能力，也为了给大家举办一些集体活动，竞选当了班长。

安达在背后对同学说："你以为天宇那么有公心？他是为了和老师搞好关系，将来找个好工作，这才是主要目的！"

下周就要实习，除了向明外其他同学都落实好实习单位了。向明找了班主任几次，不是没找到，就是老师没时间。在本周末之前必须与老师面谈，将此事定下来。

田甜逛街的时候，商店的售货员向她推荐一款MP4。买回来两天后，放不出声了。

锦秋在食堂买饭时，觉得菜价又涨了。

锦秋："一份菜怎么这么贵啊？"

售餐员："就这么贵！吃不起你别吃啊，谁请你来了？"

小杰、天宇、向明、田甜和锦秋都遇到了一定的困难。如果换成你，你该如何处理呢？

小杰：＿＿＿＿＿＿＿＿＿＿＿＿＿＿＿＿＿＿＿＿＿＿＿＿＿

天宇：＿＿＿＿＿＿＿＿＿＿＿＿＿＿＿＿＿＿＿＿＿＿＿＿＿

向明：_____

田甜：_____

锦秋：_____

心灵智慧

冲突，是指在人际互动中出现意见相反的情况。很多人认为，出现冲突是一件不好的事情，它让人紧张不舒服。但是，冲突不见得一定会伤害关系，如果处理得当，反而会增进感情、巩固关系。我国历史上如"将相和"等很多的例子，都说明冲突是一种危机，有潜在的危险，也有潜在的机遇。事实上，由于人们的观念、经验、行为模式等都是因人而异的，出现冲突也是很自然的。因此，我们不必过于担心冲突来临，也不必刻意去避免冲突。我们要学习的是：当冲突降临时，该如何面对与处理。

1. 冲突的处理模式

处理冲突有很多模式，主要有退缩、投降、攻击、说服和解决问题五种。我们用上述例子来进行说明。

被动退缩

退缩是指人们不明确表达自己的观点态度，也不采取行动，试图逃离冲突情境的做法。退缩实质上是一种被动行为，它只会导致内心怨恨甚至对自我不满。我们采取被动姿态，实际上是在暗示对方可以忽略自己，可以不在意自己的看法和感受，也就是可以不尊重自己。这样的结果是：我们不仅会对他人心生怨恨，也会对自己的懦弱心怀不满。

在上述例子中，假如锦秋听到售餐员的无理言词后，一言不发就走了，就是退缩模式。退缩大多数时候不是一个积极的做法，它不仅没有处理冲突，而且将冲突拖延下去，会造成闷闷不乐的心情，可能会导致更大的冲突。当然，有时适当的退缩能让双方冷静下来，也有利于问题的解决。

主动投降

投降是指放弃要求以避免冲突。在第一个例子中，如果小杰说："好——好——好，我不要了！您别生气！"就是投降。投降显然不能解决问题。如果小杰去年买的鞋真的破了，那么也没有机会再买了。另外，妈妈的情绪已经出来了，那不是小杰说"您别生气"就能不生气的。

攻击他人

攻击是指人们发现处于困境时，不顾情境和被攻击者的感受而加以身体或语言的胁迫,以达到自己的目的。一般而言,攻击行为会令人害怕与误解,可能会严重伤害对方或者过分激怒对方以牙还牙,造成不良后果。

例如,如果上述例子中的天宇揪住安达的衣领,说:"你再胡说,我揍扁你!"田甜找到售货员说:"你这个骗子!你卖的这是什么破MP4啊!"或者锦秋对着售餐员大骂:"你这个臭卖饭的,会不会说人话?"这些都是攻击行为。攻击行为可能会达到摆脱困境的目的,但破坏关系甚至使困境恶化的可能性也是很大的。有些男生习惯用暴力手段解决冲突,然而,这种方式只能让冲突升级。

言语说服

说服是试图改变对方的态度或行为以获得和解。小杰说:"妈,你知道我已经报名参加周末的辅导班,老师都说我现在用功了,你就当这双鞋是奖励我好吗?"这就是说服。

解决问题

解决问题是针对问题进行讨论以解决冲突的方式。小杰说:"妈,我知道你为我未来的工作担心,其实我自己心理压力更大。我并不是不考虑自己的未来,只想吃的穿的。去年那双鞋在爬山的时候弄破了,下雨天老进水。您看可以买一双吗?"

2. 建设性处理冲突的原则

在上述冲突处理的模式中,退缩、投降和攻击都不是有效的处理方式,只有说服和解决问题才能建设性地处理冲突。那么,在冲突处理的过程中,应该注意什么原则呢?

双方有处理冲突的意愿

只有双方具有处理冲突的意愿,才能使双方将注意力集中在事情上,避免其他因素干扰。另外,让双方在冲突来临之前就有所警觉、提早发出信号,也有助于避免冲突。

寻找双赢的可能

在上述例子中,如果妈妈回应说:"小杰,你这样说我可以接受,我希望你能好好学,将来找一个好工作。"小杰说:"妈,我已经报名参加计算机等级考试了,我相信我能考过。"寻找双赢结局需要双方都保持一种合作的心态,而不是互相较劲的心态;要就事论事,避免人身攻击。如果小杰说:"妈,你整天就知道说学习学习,除了我的成绩,你从来不关心我。我怀疑你让我学习就是怕我找不到工作、赖在家里拖累你。"这样的表达对于母子感情的伤害,远不是一双鞋子所能带来的了。

运用幽默

如果母子平时感情很好,小杰这时说:"我真是罪该万死啊!为了一双旅游鞋让我敬爱的妈妈生气，我真是一个不孝子！妈，您别拦着我，我就穿您去年给我买的那双鞋跳护城河算了！反正它也破了，没什么可惜的了！"这时，妈妈不见得会同意买鞋，至少不会再生气了。但如果母子关系平时就紧张，那这种方式可能没什么好效果。

寻求协助

如果没有双赢的可能，也没有一方肯让步，那就找一个公正的、双方都认可的第三者来协助。例如在上例中，小杰说，"妈妈，我们别争了，我们让爸爸来裁决吧。"如果妈妈认可爸爸的作用，就可以让爸爸仲裁。一定要注意的是，双方既然同意让第三者裁决，就必须接受他的裁决结果。

自我肯定

自我肯定是一种以合乎情理的方式为自己挺身而出的行为。它是在尊重他人权利、维护他人尊严的基础上，伸张自己的权利。在自己受到不公正对待、尊严受到挑战或者自己的合法利益面临威胁的时候，我们需要以自我肯定的方式来面对。以上述情境为例：

天宇："安达，你这样猜测我让我感到很生气。如果你认为我准备讨好老师，请你拿出具体的证据来，否则请你别再这样。"

向明："老师，不能和你商量实习单位的事情让我很担心，很焦虑。我担心我不能准时开始实习。您周四前是否有空，请您和我讨论一下。"

田甜："你卖给我的这个 MP4 只用了两天就坏了，这让我觉得那天不该相信你推销时说的话。我要求无条件退货。"

锦秋："你说话太过分了！我希望你注意你的语言！我警告你，你如果再这样说，我马上向你们经理投诉你！"

从上面的例子，我们能够归纳出自我肯定行为的一些特征：①让他人清楚地知道自己的想法和感受。②避免质问式的、威胁的、批评的或者独断式的用词。③保持目光接触及坚定的身体姿态。④维持平和而坚决的声调，避免支支吾吾。

小贴士

应该注意的是，在表达自我肯定行为的时候，要在内心给自己打气，相信自己的行为是正当的。不论对方采用何种方式试图让自己放弃或者激怒自己，你都应该不为所动，而只需保持平和而坚定的态度、表达清楚恰当的内容。

当然，自我肯定行为也不一定总是能达到目标。有些人会错把自我肯定行为当成攻击行为而作出反应。不过总的来说，自我肯定行为是一种建设性地、平等地处理困境的方式。

心灵训练

1. 与同桌分角色扮演下列冲突情形，讨论什么是最好的解决办法，什么是最差的。

周末班级活动，男生希望去爬山，女生希望去划船。

最好的：_____

最差的：_____

谭勤希望中职毕业后先工作两年再作打算，而父母坚决要求她参加高职的入学考试。

最好的：_____

最差的：_____

同学希望举办元旦晚会，老师说期末考试快到了，考试要紧。

最好的：_____

最差的：_____

建勇："小丹，谁告诉你今天测验？你可把我坑苦了！"

小丹："我告诉你是明天测验！"

最好的：_____

最差的：_____

2. 分组讨论。

5～6人一组，由每个成员举出发生在自己身上的冲突例子，小组讨论最佳的处理方式。

3. 针对下列情景，写出被动退缩反应、攻击他人反应和自我肯定反应。

举例：你的同桌善于交际，但钱不够花。他对于向他人借衣服、钱并不觉得难为情，还不太珍惜。一天，你父亲刚送给你一块你很喜欢的手表，他就向你借，你很担心他会弄丢或弄坏。

被动退缩行为："好的！"

攻击他人行为："别做梦了！你休想从我这里借走新表。我借给你的话，要是能拿回一块完整的新表，就算我走运！"

自我肯定行为："我曾经爽快地借给你很多东西。但这块手表是我爸刚送给我的，很抱歉，我不想把它借给他人。我希望你能理解我的感受。"

考试前，你正打算再看一遍笔记，却发现你的笔记在燕青手里。

被动退缩反应：＿＿＿＿＿＿＿＿＿＿＿＿＿＿＿＿＿＿＿

攻击他人反应：＿＿＿＿＿＿＿＿＿＿＿＿＿＿＿＿＿＿＿

自我肯定反应：＿＿＿＿＿＿＿＿＿＿＿＿＿＿＿＿＿＿＿

你被同学诬告偷了他的 MP3。

被动退缩反应：＿＿＿＿＿＿＿＿＿＿＿＿＿＿＿＿＿＿＿

攻击他人反应：＿＿＿＿＿＿＿＿＿＿＿＿＿＿＿＿＿＿＿

自我肯定反应：＿＿＿＿＿＿＿＿＿＿＿＿＿＿＿＿＿＿＿

在食堂买饭时，一个高年级同学在前面加塞儿。

被动退缩反应：＿＿＿＿＿＿＿＿＿＿＿＿＿＿＿＿＿＿＿

攻击他人反应：＿＿＿＿＿＿＿＿＿＿＿＿＿＿＿＿＿＿＿

自我肯定反应：＿＿＿＿＿＿＿＿＿＿＿＿＿＿＿＿＿＿＿

在校门口，你被两名高个儿同学恐吓，要交保护费。

被动退缩反应：＿＿＿＿＿＿＿＿＿＿＿＿＿＿＿＿＿＿＿

攻击他人反应：＿＿＿＿＿＿＿＿＿＿＿＿＿＿＿＿＿＿＿

自我肯定反应：＿＿＿＿＿＿＿＿＿＿＿＿＿＿＿＿＿＿＿

心灵拓展

1. 回顾最近的三个与他人(父母、老师、同学或其他朋友)的冲突，总结自己运用的是哪种解决策略，是不是最好的。反思为什么没有使用建设性的解决冲突的方式，将过程写下来。

＿＿＿＿＿＿＿＿＿＿＿＿＿＿＿＿＿＿＿＿＿＿＿＿＿＿＿＿

＿＿＿＿＿＿＿＿＿＿＿＿＿＿＿＿＿＿＿＿＿＿＿＿＿＿＿＿

2. 找出自己过去以被动方式或者攻击方式来摆脱困境的情境。试着写下每种情境中的对话。然后以自我肯定的方式取代之。

情境 1：＿＿＿＿＿＿＿＿＿＿＿＿＿＿＿＿＿＿＿＿＿＿＿

过去的反应方式：_____

自我肯定的反应方式：_____

情境 2：_____

过去的反应方式：_____

自我肯定的反应方式：_____

第6单元

激扬的青春——异性关系的处理

主题1 青春时节

心灵故事

小帅和小茜两家是邻居，他们俩从小就是玩伴，上了同一所幼儿园，小学又是一个班，步入中学后，又是同桌。他们一起度过了快乐无忧的童年，一起学习、游戏，无拘无束、无所不谈。直到有一天，不经意间，他们忽然发现自己的外貌和体态发生了很大变化：小帅说话开始变得粗声粗气，嘴唇周围还长出了一圈小胡子；小茜的身体也开始发育起来，常不敢挺胸走路。这些变化使他们开始变得惶恐和羞怯起来。他们一改往日友好的伙伴关系，变得生分和斤斤计较，常常互不搭理。慢慢地，小帅长得更像个男子汉了，小茜也出落成美丽的少女，他们逐渐接受和适应了自己的变化，不再焦虑和不安了，两人的关系也渐渐恢复了正常。

回想一下，你是否也有过类似的经历？你曾经感到过焦虑和惶恐吗？你现在又是如何看待生命新阶段的这些经历的？

_____

_____

_____

心灵智慧

在成长的过程中，不经意间我们步入了"青春期"这一生命新阶段。这一阶段，无论在生理还是心理上，都会发生剧烈的变化。这些突如其来的变化可能会使我们无所适从，进而产生焦虑、惶恐等情绪。其实，这些变化和反应都是十分正常的，只要我们了解青春期身心发育的特点，就会坦然接受和适应这种成长变化，平稳度过青春期。

1. 青春期的生理变化

我们的身体好像一架构造精细的仪器，虽然外表大不相同，但均按其内在蕴藏的自然规律有序地运行着。运行到 10～15 岁的时候——有些人早，有些人晚——就进入了青春期，在其后的 2～3 年里，我们的身体就开始发生剧烈的变化。

身高体重快速增长

青少年外形变化最明显的特征之一就是身高体重快速增长。青春初期，同龄女孩的成长速度会比男孩快，到青春晚期，男孩的成长速度会领先。一般来说，男生体格较大、肩膀较宽、腿和前臂较长，而女生则骨盆较宽、皮下脂肪较厚，看起来较为圆润。

各器官机能逐步完善

随着社会实践活动的增多和对外界要求的适应，我们的脑和神经系统的功能不断趋于完善，心肺功能日渐增强，内分泌系统机能日益完善，体能不断提高，运动和活动能力大大增强。

性发育迅速成熟

男性的第一性征为阴茎、睾丸、前列腺和精囊；女性的第一性征为子宫、卵巢和阴道。男性的第二性征主要表现为体格高大、肌肉发达、喉结突出、声音低沉、唇部长出胡须、周身出现多而密的汗毛、长出腋毛和阴毛等；女性的第二性征主要表现为皮肤细腻、声音细润、乳房隆起、骨盆宽大、皮下脂肪增多、臀部变大、体态丰满、长出腋毛和阴毛等。其中，可能让青少年学生产生困扰的问题主要有：

青春痘。由于脂肪腺的分泌物增加，导致许多同学的脸上都长出了不受欢迎的小痘痘。青春痘是由于青春期的发育而出现的，可能它令你担忧和烦恼，但它会随着青春期的结束而消失。

遗精。男孩在睡眠中的射精，称为遗精，又称梦遗。大多数青春期男孩，都会有梦遗，这是正常的生理现象，是男性成熟的标志。

月经。女性性成熟后，身体会形成一个约 30 天的周期循环。周期开始时子宫内黏膜逐渐增厚，在大约两周时卵巢排卵，在排卵后大约 14 天，子宫内黏膜开始出血脱落，血和脱落的黏膜从阴道排出便形成月经，随后子宫内膜又开始增厚，形成循环。月经初潮后的一段时间内，由于卵巢尚未完全发育成熟，月经周期并不规律，有时几个月一次，有时一个月多于一次，这都是正常的，一般一年左右可逐渐变得有规律。

怀孕。如果在排卵后的1～2天内发生性行为，卵子遇到精子便会受精成为受精卵。受精卵在子宫内安家落户，这就意味着怀孕了。怀孕以后，原本周期性脱落的子宫内黏膜不再脱落，这时月经就停止了。在266天左右的时间里，受精卵细胞发育成一个胎儿。在此期间，胎儿通过一条脐带与母体连接，以吸取营养和呼吸氧气。

2. 青春期的心理变化

青春期生理上的巨大变化，会对心理和行为产生极大的影响。

生理变化对心理发展的影响

随着青春期的到来，我们的身体越来越与成人接近，因此，也产生了大量类似于成人的新需要。我们要求周围人像对待成人一样尊重我们，给我们相应的权利、地位与自由。脑功能的发育完善，使我们的抽象思维有较大的发展，对事物能进行更多间接的推理和判断，并有一定的预见性。

心理发展的矛盾性特点

青春期的生理发育极为迅速，在2～3年内就能达到成熟水平，但心理发展的速度则相对缓慢，心理水平尚处于半幼稚半成熟的过渡阶段。这样，我们的身心发展就处于一种不平衡的状态，心理活动往往充满矛盾，主要表现为以下五个方面：

要独立，但又不能放弃依赖。随着外形的迅速变化，我们滋生出强烈的成人感，产生强烈的独立意识，渴望尽早摆脱成人的束缚与限制。事实上，我们内心深处并未完全摆脱对成人的依赖与屈从，只是依赖的方式和程度与过去相比有所改变而已。

要闭锁，但又需要开放陪伴。我们不再像儿童那样直率与外露了，虽然内心活动更加丰富多彩，但却很少表露于外，表现出较强的闭锁性。同时，我们常常感到非常孤独和寂寞，希望有人关心、理解和支持自己。在知心朋友面前，我们会毫无保留、推心置腹地倾吐自己内心的秘密。

要勇敢，但时常有怯懦相随。我们在有些情况下似乎表现得很勇敢，但这时的勇敢在很大程度上带有莽撞和冒失的成分。在另一些情况下，我们却表现得很怯懦。比如，在公共场合，通常未开口就先脸红，羞羞答答，不够从容。

要高傲，但自卑却如影随形。我们尚不能全面评估自己的能力和性格特征，很难对自己作出公正、客观和恰当的评价，常凭借一时的感觉来评价自己。几次偶然的成功就可以使我们认为自己是一个优秀的人才，从而洋洋得意；相反，几次偶然的失利就会使我们认为自己无能透顶，从而极度自卑。

否定童年，但又眷恋童年。我们认为自己的一切行为都应与儿童区别开来，力争从各方面对一切不成熟的痕迹进行否定，力图以全新的姿态出现在生活中。但在内心深处，我们又留有几分对童年的眷恋，眷恋童年那种无忧无虑的心态，眷恋童年那种简单明了的行事方式。

3. 适应青春期的成长变化

适应自己与同学不同的成长速度

我们不仅要适应自己身心的变化，还要适应自己与他人参差不齐的成长速度。无论发育早晚，只要与班里大多数人不同步，就可能面临被议论指点甚至被嘲弄的压力。其实每个人的先天因素和后天环境有着很大的差别，身体的发育和青春期到来的早晚也不一样，但最终都会由此走向成熟。我们应尊重他人的独特性，更重要的是要接纳自己的与众不同，以自信、平和的心态面对自己的独特之处。

适应性器官的发育成熟

首次遗精会对男孩产生很大的影响。由于对遗精毫无心理准备会感到恐慌，同时也会产生与性有关的心理体验，从而会使我们产生害羞和恐惧等反应。事实上，遗精是正常的生理现象，我们对此不必惊慌，要懂得科学的性生理知识，养成良好的生活习惯。

月经初潮对女孩也会产生很大的影响。如果我们对相关知识不了解，没有很好的心理准备，就会产生害羞、紧张和焦虑等心理体验。事实上，月经是很正常的生理现象，我们应多了解一些性生理卫生知识。月经期间注意休息，注意清洁卫生，避免劳累和精神刺激，保持愉快的心情。

关于自慰

自慰，也称手淫，是指通过搓揉、抚弄自己的生殖器官产生很大的快感，从而有效地缓解性欲望带来的紧张。研究认为，自慰不会对人的身体产生负面影响，也不会影响日后的性生活，更不会导致精神病或痴呆。自慰是人群中普遍存在的一种行为，通过自慰获得快感也不是下流肮脏的。需要注意的是过度自慰的情况，如果每天一次以上或者自慰成了生活中获得快感的唯一途径，那就说明出现问题了，可能是压力过大、人际交往困难或过于紧张焦虑等，应该与父母、老师讨论并寻求治疗。

心灵训练

1. 回答下列问题，并与同学一起讨论，看你是否了解青春期发育的一些常识。

(1)男孩首次遗精的年龄范围约是：

A. 9岁　　B. 11岁　　C. 15岁　　D. 10～13岁　　E. 13～17岁

(2)女孩月经初潮的年龄范围约是：

A. 8岁　　B. 12岁　　C. 15岁　　D. 8～17岁　　E. 13～17岁

(3)一般女性每次正常来月经是多少天？

A. 5天　　B. 7天　　C. 3～7天　　D. 1～7天　　E. 4～10天

(4)女生怀孕的原因是：

A. 与男生接吻　　B. 与男生性交　　C. 与男生拥抱

D. 与男生睡觉　　E. 不知道

2. 检查自己在青春期时发生了哪些变化？

身体：_____

_____

心理：_____

_____

性发育：_____

与班级里的大多数同学相比，你的身心发育是早还是晚？对于和大家的不同，你有什么感觉？

_____

_____

_____

3. 下面是一些描述性格特征的形容词，请在符合你的词语后面打"√"。

粗犷(　)　温暖(　)　刚强(　)　整洁(　)　偏激(　)　敏感(　)

随便(　)　纯洁(　)　冒失(　)　胆小(　)　大胆(　)　亲切(　)

武断(　)　细心(　)　稳健(　)　温柔(　)　严肃(　)　慈爱(　)

豪放(　)　文雅(　)　主动(　)　矜持(　)　深沉(　)　伶俐(　)

竞争(　)　端庄(　)　善谋(　)　伤感(　)　好斗(　)　顺从(　)

对照你周围异性同学的答案，看看是否有一定的规律？

心灵拓展

1. 想想自己是否嘲弄过班里某同学身材瘦小或某女生胸部丰满与平坦的行为；是否仗着自己身材高大健壮，在班级里横冲直撞；是否为自己瘦弱、矮小的体形感到羞愧。如果你有，那么应该试着改变。因为每个人的发育都是独特的，我们应该尊重他人，他人也会尊重我们，更重要的一点是我们要接纳自己的与众不同。

2. 反省自己是否有不适当的自慰行为。若有，要寻求父母和老师的帮助或寻求治疗，并尽可能使自己在现实生活中获得更多乐趣。

主题2　爱情颜色

心灵故事

小健最近有些烦恼，他发现隔壁班有个女生非常可爱，她的一举一动、一颦一笑都让自己着迷和疯狂。她美丽的容貌、高挑的身材、无邪的表情，还有充满愉悦的灿烂笑声已经让小健神魂颠倒了。小健虽然看不出来她对自己是否有好感，但至少不反感，因为前几天她还冲自己笑了笑——这温柔的一笑，一直浮现在小健眼前，让他时刻回味，一直幸福到现在，同时也深深地苦恼到现在。小健不断在问自己："这到底是不是爱情？我是不是应该勇敢地追求我的爱情？"

你是否有过类似的经历和体验？你认为这种美好的感觉是不是爱情呢？你觉得什么是爱情？

_____

_____

_____

心灵智慧

随着性生理的发育成熟，我们的性心理也在逐渐发展，从性意识的萌芽到性心理发展成熟的过程中，无论男女，都会对爱情产生强烈的向往和追求。

那么，什么是爱情，男女之间的爱情，究竟是怎么回事？下面让我们试着从性心理的发展、爱情的要素和类型等方面入手，尝试为"爱情"下一个定义。

1. 性心理发展的阶段

疏远期

这一时期，由于第二性征的出现，男女出现明显的差异，对性别、性别角色认同的增强，使我们对异性产生了心理封闭，本能地产生了形式上的暂时疏远，同性之间的交往趋于增多。由于生理发育特点不同，男女在异性疏远期的表现也不相同。

爱慕期

在这一时期，男女之间又有了接近的需要，愿意一起学习、活动和工作，希望与自己年龄相当的异性接触，想办法吸引异性的注意力。有时我们会通过刻意修饰和打扮自己来吸引异性的注意，有时则以各种理由接近异性，展示自己的优点来赢得异性的喜欢，有时还会大胆地通过情书表达自己的爱慕之情。

初恋期

在初恋期，对异性的爱慕与追求逐渐固定于某一个人，产生了纯洁而幼稚的初恋。这种萌芽的情感是一种不成熟的爱情，是经不起现实考验的，很少能发展成为真正的爱情。只有当两个人都能独立地承担起自己的人生责任时，才会有力量相爱，才会有真正成熟的爱情。

2. 爱情的要素

彼此吸引

两性相吸往往是两心相印、两情相悦的前提。开始是靠外在的吸引力，过程中则靠内在的吸引力。男女双方的互补性和相似性，是持久吸引的基础。性格特质互补的人，往往容易相互吸引。比如依赖性强的人可能会吸引支配性强的人，喜欢高谈阔论的人会吸引安静倾听的人等。更多的是相似性产生吸引力。相同的价值观、相同的教育背景、对某一问题的相同看法都会彼此吸引，所谓"志同道合"的伴侣，就是这个意思。

相互了解

真正的爱，建立在双方深入了解的基础上，包括了解对方的价值观、人生观、恋爱观、品行、修养、能力、学识等重要内容。相互了解可激发彼此的思想与意念，分享彼此的见解与经验，双方可在言语的互动中，体验那种进入对方认知领域并与其发生碰撞，然后有所收获的喜悦。

情感依恋

热恋中的男女，通常都有着强烈的、激动的、依恋的情绪，巴不得每一时、每一刻都在一起，也希望自己所有的感受和情绪都能与对方分享。以对方的喜乐为喜乐，以对方的兴趣为兴趣，替对方考虑胜过替自己考虑，比平时更敏感，喜怒异于往常。这种强烈的情绪也是爱情的要素之一。

社会接纳

爱一个人而不涉入他/她的社会关系，是不可能的。双方父母的态度永远是影响爱情关系的重要因素，认为爱一个人可以不顾及亲人与其他社会关系的想法，是一种不成熟的表现，也最终会给这份感情带来麻烦。尤其是在我们的社会里，家庭和周围环境的看法对男女关系的影响更大。因此，爱情不可避免地要考虑社会因素，世界上不存在真空中的爱情。

3. 爱情的类型

李约翰在其著作《爱的彩色》一书中，将爱情分为友伴型、游戏型、理智型、狂热型、浪漫型和无私型六类。

友伴型

友伴型爱情也就是好朋友式的爱情，是一种共同成长的平稳情爱（青梅竹马），由于长期相处而视彼此为自然相属。这一类型的爱包含了浓厚的友谊与长久相处的期许，但缺乏激情。这种类型的爱情，没有险滩的激流，也少有浓郁激烈的罗曼蒂克，但充满恬淡、温馨的情分。

游戏型

游戏型爱情是为获得对方青睐的挑战性游戏，当事人会避免投入情感而不停地更换对象，追求新鲜，只享受过程而避免承诺。属于此类爱情类型的人，男性多于女性。这类男性往往风流倜傥、挥洒自如、处处留情，而付出感情的女性却可能受到很大的伤害。

理智型

理智型爱情宛如一种感情交易，人们会用非常理性的眼光，先行评定自己的市场价值，然后选择一位报酬高、成本低的爱情伴侣。选择这种爱情类型的，女性多于男性，年龄大的人多于年龄小的人。

狂热型

狂热型爱情是一种占有的爱情，对爱情的需求是强制的、排他的，身处其中的情侣敏感多疑，情绪经常波动，甚至伴随着强烈的妒忌、愤怒与疯狂。这类型的人一方面极端依赖，尤其是感情上高度依附所爱的人；另一方面又深恐失去所爱。

浪漫型

此类爱情以理想化的外表为基础，逐渐接受对方的不足之处，既有现实的考虑，又不失浪漫与激情。这种爱情多有一个充满罗曼蒂克色彩的开始，或者是不经意的偶遇，或者是朋友的聚会。无论当时的场景有多么普通，"一见钟情"的感觉都会让俩人如触电一般激动。

无私型

无私型的爱情视爱为一种奉献、付出，是不求回报的，是充满关爱、理解与尊重的爱。拥有此种爱的人，具有高度的自我肯定、良好的自我形象和积极的自我期待。这种爱情建立在宽容、尊重的基础上，为了对方，可以作出自我牺牲。

心灵训练

1. 描述一下你理想的恋爱对象的样子（包括外貌、性格特点等）。

_____

_____

你最看重上述哪几点？请按照重要程度排序：

_____

_____

2. 如果你有明确的异性朋友，你认为他/她什么地方最吸引你？你们的关系属于李约翰爱情类型中的哪一类？

_____

_____

如果没有，请设想一下你会进入哪种类型的爱情关系。为什么？

_____

_____

3. 结合当前热播的爱情电影/电视剧，男女生各自分小组讨论"最受男孩欢迎的女孩子"和"最受女孩欢迎的男孩子"应具备什么样的特征，然后在全班分享各小组的观点。

_____

_____

_____

心灵拓展

1. 找一位异性同学或朋友，请他/她说出你最受异性欢迎和最不受异性欢迎的方面，并提出希望你能做的改变。根据对方的建议，给自己制订一个逐步改进的时间表，由他/她来监督你实施。

2. 从周围的人、媒体报道的真实事例或正在热播的电影/电视剧中，找一找李约翰爱情六类型的具体例子。

主题3 恋爱四季

心灵故事

小伟和小娜相恋半年多了，他们是在学校举办的一次文艺活动中认识的。小娜甜美的声音、苗条的身材、漂亮的脸庞以及她那双会说话的大眼睛，都让小伟怦然心动，而小娜对开朗阳光、成熟稳重的小伟也颇有好感。他们一见钟情，很快相恋了。随着两人了解的不断加深，小伟渐渐发现自己和小娜在性格、兴趣爱好和生活态度等方面，都有很大的差异。两人相处越来越不和谐，经常争吵，很难调和，因此，他想结束这段关系。尽管小娜自己也知道他俩有很大差异，似乎不太合适，但她对小伟很有感情，还是坚持要与小伟在一起，一提分手就伤心欲绝。而小伟也深感矛盾和痛苦，一方面他对小娜也有感情，不愿意因分手而让小娜如此伤心悲痛；另一方面，他心里很清楚，他俩的确不合适，如果继续下去，会对彼此造成更大的伤害。

你怎么看小伟和小娜的关系？如果你是小伟，你会怎么做？

_____

_____

_____

心灵智慧

作为中职生，我们的主要任务是学习，谈恋爱应是学业完成后方可考虑的。但也有人在青少年时期就开始了他们的初恋。初恋是令人激动、令人战栗和令人幸福的，初恋也是盲目、苦涩和有代价的。为了获得美好的爱情，避免伤害，我们不仅要分清爱与需要，区别爱与迷恋，慎重进入恋爱过程，还要学会如何面对和处理恋爱失败之后的分手局面。

1. 爱与需要、爱与迷恋

爱与需要

爱情是满足双方需要的，但纯粹为了满足自己需要的爱情不是真正的爱情。只索取自己所需的，不给予对方所需的，这样的感情是无法维持的。如果你只要求对方照顾自己，而不照顾对方；如果你只是把自己的烦恼倾诉给对方，但从不为对方分担；如果你只考虑自己有面子，而不顾及对方的想法，这些都不是爱的表达。如果你并不真心喜欢对方，只是利用对方来满足自己的需要，欺骗对方的感情，那么这会给对方造成巨大的心灵创伤，最终也会伤害到自己，严重时会毁了对方甚至也毁了自己。

爱情是缓解压力的渠道，也能让人感觉到被关心和照顾，但爱情更应该满足尊重、认同和肯定的需要，这就要求双方能够在更深入的层面上交流，相互理解、尊重和认可。相爱的双方不仅能够在生活上彼此关怀，更要能够在心灵上、精神上相互支持。

因此，请永远不要虚情假意，要真诚地对待他人，不要为了自己的某种需要而利用和欺骗他人；更要真诚地对待自己，对自己负责，认真地对待自己的感情，追求自己的真爱。

爱与迷恋

人的情感是丰富的，但不是所有的感情都是真爱，有些看似美好的爱情，里面却含有迷恋的成分。一般认为，真爱与迷恋的区别表现在许多方面：

从时间来看，真爱是需要长时间逐渐培养的，显得持久、牢固和稳定；迷恋则是刹那间的冲动和欲望，很容易变化和改变。

　　从对象来看，真爱是专一的、双向的爱恋；迷恋一般是单向的，对象可能是一个或多个，且常常变换。

　　从动机来看，真爱以对方的幸福为首要考虑，更看重内在境界，彼此真诚，互相尊重，多有精神、情感层面的交流；迷恋则以自己的喜好为中心，受对方外在相貌装扮的吸引，伴随着性的冲动，渴望肌肤的接触。

　　从态度来看，真爱着的双方能理性地分辨优缺点，包容忍耐，不冲动，能做长久规划并相互信任；迷恋则是感性多于理性，通常把对象美化，易于冲动，作不切实际的山盟海誓。

　　从感受来看，真爱让双方感到接纳、安全、信赖、温暖和幸福，并给人以积极向上的力量；迷恋会使人烦恼、不安全、怀疑、缺乏信任，没有持久的喜悦与温暖。

　　从结果来看，真爱可以使人精神愉悦，学业进步，并获得自我提升和人格完善；迷恋则会让人精神委靡，学业荒废，进而自我怀疑和自我否定。

2. 慎重进入恋爱过程

　　在中职学习阶段，我们应以学业为重，不能随意盲目地恋爱。如果确实有十分心仪的对象，首先要明确自己的感情是不是真爱。同时，在准备从交往过程进入恋爱阶段时，还必须要慎重考虑以下问题：

　　双方对爱情的态度是认真的还是游戏的？

　　要判断这个问题，首先要看双方是否希望这份感情持久。如果双方都是持一种认真的态度，那么一定是希望它稳固而长久地发展下去；否则，就是游戏的态度。

　　双方对感情是纯感性的还是较为理性的？

　　理性就是指双方在沉醉于浪漫的同时，还能客观地分析各自的性格是否匹配，志趣是否相投。很多青少年朋友容易陷入热恋，但往往却深受其害，就是因为在狂热的恋情中，双方不能客观地观察与分析，只看到对方的优点和长处，看不到双方潜在的不和谐。当激情燃烧殆尽，原本潜于水下的暗礁就暴露出来，爱情之舟必然搁浅。

　　能否在相互理解尊重的基础上处理两人间的冲突？

　　双方是否能够成熟地处理可能面对的冲突和困难，只要看看双方在发生冲突时的解决方式，就一目了然。是互不相让、两败俱伤，还是相互谅解、彼此包容呢？理想的处理模式是不被情绪完全控制，当情绪暴发之后，能够坐下来探讨冲突的原因以及彼此需要改进的地方。

　　能否很好地处理恋爱与学业的关系？

　　这是目前青少年谈恋爱的最大压力，也是家长和老师的最大顾虑。恋爱与学业是什么关系,是必然相冲突的吗?其实有很多年轻人能处理好这种关系,而且他们的学业会得益于这种关系。如果我们是以认真、理性的态度去与对方相处,自然会考虑对方的长远发展,为自己与对方的未来着想,也就不会耽误学业了。

能否坦诚地交流彼此的人生目标和方向?

尽管此时对于未来的设计不见得成熟,但交流个人的生涯目标还是有着十分重要的作用。生涯目标是由我们的人生观、价值观所决定的,对这些问题的交流有助于了解双方对待生活的态度与理念是否一致。

能否为对方付出和牺牲?

看看自己是否会诚心诚意地照顾对方,是否会为了对方的学业、事业而主动付出。恋爱毕竟是两个人的交往,即使是再和谐的恋人之间,也会面临一些矛盾和利益冲突,很难做到兼顾双方和两全其美,那就需要彼此作一些让步和牺牲。

如果对上述问题都有明确而积极的回答,方可考虑进入恋爱过程。

3. 坦诚表达分手,勇敢面对分手

在感情的道路上,即使我们抱着一种很认真、很理性的态度,遭遇挫折、经历分手也有很大的可能。所以我们必须学会向对方表达分手,也要学会接受分手。

表达分手

如何向对方表达你希望结束这段感情而尽可能减小对其造成的伤害,是很多准备提出分手的人所苦恼的。有人选择慢慢地疏远,让对方逐渐察觉自己的意图;有人假装没什么,等到对方做错事情时再提出来;也有人委托他人转告,避免直接面对。事实上,这些做法都是不恰当和不负责任的。

该如何提出分手呢?

学会提出分手

第一,要清楚自己为什么要提出分手。给对方一个真实、明确的理由,是主动提出分手的关键。是个性不合、价值观有差异,还是对方不符合自己的期望?是重要他人的反对,还是第三者介入?是失去了爱的感觉,还是出于误会?一定要想清楚,再作出慎重的决定。

第二,坦率明确地告诉对方,并让对方明白你的想法。这是最为明智的做法,任何不坦诚的做法,都只会给对方带来更大的痛苦和混乱。有人担心说出实情会伤害对方而选择撒谎,但从长远来说,撒谎只会造成更大的伤害。

第三,尊重对方。坦率不等于挖苦和责骂,描述那些让你提出分手的事实,尽量避免作出评判,更要避免嘲弄、辱骂等攻击性的做法。在提出分手的同时,最好检讨自己的责任,也不忘记肯定对方做得好的地方。

第四，选择合适的时间地点。要准备好较为充裕的时间，好让对方充分了解你的立场，你也有机会了解他/她对这一问题的想法。要选择方便交谈、又不被打扰的地方，以便理性地交换立场。此外，还需要考虑安全因素，尽可能避免在晚上及在偏僻的地方谈论分手。

第五，避免做出让对方误解的举动。为保护对方不受巨大伤害，提出分手的一方必须避免因为同情而做出让对方误解的行为，以免让对方对和好如初持有幻想。

第六，如果担心对方难以接受这个现实，可以事先约上两人都熟识的朋友，在对方需要时给予及时支持和安慰。

小窍门

接受分手

不论因为什么理由分手，分手所造成的伤害都是深远的，尤其对于被动接受分手的一方来说，更是如此。被动接受分手的人会感到震惊、无助、伤心、愤怒、自责和不甘心，渴望挽回感情。在很长一段时间里，情绪会有巨大的波动。如果不能从这些负面情绪中走出来，个人生活必将会受到很大影响。对于如何接受分手，以下几点建议可供参考：

学会接受分手

第一，在了解对方立场的基础上，合理抒发自己的情绪。男儿有泪不轻弹，只是未到伤心时。不论是男生还是女生，当遇到让自己痛苦的事情时，找个安全的地方哭出来是一个很好的办法。找一个自己信赖的好朋友倾诉也是很有效的方式。

第二，避免互相指责，要反思检讨自己在这场感情中的得失，总结自己的经验教训。

第三，坚信自己的价值并不会因为对方的离去而丧失。

第四，切勿为了填补感情上的空白，在自己尚未完全从失恋的阴影中走出来时，急于进入下一段恋情。因为，指望新朋友来抚慰自己的创伤，不仅对他/她不公平，而且也很难有圆满的结局，到头来将会又是一次伤害。

小窍门

心灵训练

1. 从以下几个方面，分析自己曾经历的或现有的感情是迷恋还是真爱？

时间：_____

对象：_____

动机：_____

态度：_____

感受：_____

结果：_____

2. 爱情不是游戏，是对终身伴侣的追寻过程，因此，我们需要认真反省自己，看看是否已经准备好谈恋爱。

对于下列各项，请在你确定的项目旁打"√"。

[　] 我了解自己。

[　] 我能说出自己的理想、目标、性格、优点和缺点。

[　] 我有独立处理问题的能力。

[　] 我有勇气面对困难及承担责任。

[　] 我懂得接纳、欣赏自己和他人。

[　] 我的思想、行为成熟。

[　] 我愿意为所爱的人付出和牺牲。

[　] 我懂得去爱和关怀他人。

[　] 我有足够支持恋爱花费的经济能力。

结论：

[　] 我现在还不适合谈恋爱，首先要完善自己。

[　] 我现在可以谈恋爱，但仍要多听长者的意见。

[　] 我还没弄清楚，需要好好想想。

3. 分小组讨论：要明确而委婉地表达分手，应该怎样说，怎样做？

如何说：_____

_____

如何做：_____

_____

4. 如果面临分手结局，你会作什么反应？请从情绪和行为两方面进行描述。

情绪反应：_____

_____

行为表现：_____

_____

写完后，可以与有经验的同学交流。

心灵拓展

1. 如果前面选择题的结论是你可以谈恋爱，你打算如何做？如果结论是你不适合谈恋爱，你又有何打算？

_____

_____

2. 回到前面小伟和小娜的案例，仔细思考一下，倘若你是小伟，你打算怎么办？如果你决定选择分手，你将如何表达？

_____

_____

主题4 爱的沼泽

心灵故事

2007年8月20日，广东湛江，因网恋破灭、怀孕并感染艾滋病病毒的小婕，竟然钻入开动的火车轮下，欲结束自己年轻的生命。小婕系深圳某中职学校的在校学生，因为家庭关系紧张，转而将情感寄托于虚拟的网络世界，并和一个叫"风"的湛江男孩聊得甚是投缘。2007年"五一"长假回家，小婕因琐事与家人发生冲突，一气之下到湛江与"风"相会，一住就是三个月。新的学期快开始了，小婕准备离开湛江回到深圳继续学业，但是她突然发现自己恶心、呕吐、全身酸软无力，到医院一查，医生说怀孕了，这对于小婕来说简直是晴天霹雳。为了不让家长和同学发现，小婕决定到医院做人工流产手术。结果，更不幸的事情还在等着她，手术前的血检发现她已是HIV阳性，即感染了艾滋病病毒，医院拒绝实施手术。8月20日晚，心情沮丧的她昏昏沉沉来到火车站，突然不顾一切地钻入缓缓启动的车轮下。幸好被车站民警及时救出，才避免了一场悲剧的发生。

你是否曾经历过或正在网恋，你怎么看网恋？你怎么看待小婕？

_____

_____

心灵智慧

美好的爱情能够加深彼此的了解，增进彼此的亲密。我们不仅能够从恋人身上获得情感的满足，学会与异性相处的正确态度和恰当礼仪，还会形成积极的自我评价，发展出健全的社会人格。为了享受美好爱情和幸福人生，避免付出惨重代价，一定要保持清醒的头脑，警惕爱的沼泽。

1. 网恋

如今，网络已成为人们生活中不可或缺的部分，网络对中职生的生活和人际交往产生了巨大影响。互联网的发展，突破了交往的时空限制，拓宽了人际交往模式。网聊、网恋，不知不觉成为校园情感生活的重要组成部分，网恋在校园中不断蔓延。

人们把网恋定义为柏拉图式的、建立在想象基础上的精神恋爱。在网上，人与人之间是一种精神上的交流和慰藉，一般反映了人潜意识中的幻想，情感反而比现实生活中表现得更为直接和纯粹。距离产生美，网恋与现实无关，也许正是这种虚幻的美丽，给了大家很大的想象空间，也给了网恋极大的市场。青少年学生之所以喜欢网聊、网恋，就是因为网络给了大家一个毫无阻隔、无比宽广的交流空间，不需要彼此刻意掩饰。

网恋的热烈程度一点也不亚于现实中的恋爱，但正是因为网络的不现实性和不真实性，使它的成功率非常之低。网恋多属于精神恋爱，抛去那些欺骗性的网恋不谈，即使双方都是极为认真的，也是幻想的成分居多。网恋有的只是情感上、精神上的沟通，真正现实中的许多问题在网络上根本无法体现出来，如一个人的性格特点，在网上展现的只是很小的一部分，是聊天时比较单一的感觉。对方日常生活中的所作所为只能通过言辞来描述，这种感觉并不完全可靠，即使对方没有欺骗性质，但言辞毕竟还带有修饰的成分，与现实中的真正接触还存在着很大的差距。没有经过现实的磨炼，没有经过真实的接触，这种虚无的爱恋，能够持续多久呢？

因此，尽管网恋的魅力无穷，但作为青少年学生，我们必须清楚自己是什么样的身份，有没有条件和资格介入恋爱，这与现实恋爱的条件是等同的。如果两个人的确非常真诚，是真心相爱，那么把网恋转为现实恋爱还是可行的。另外，我们还必须对网恋有清醒的认识，以防有人目的不纯，利用网络欺骗感情，甚至从事一些不法活动，从而最终酿成悲剧。网络上即使有爱，也必须要回到现实中才能得到发展，否则一切不过是空中楼阁，水中月、镜中花，太虚幻、太缥缈了。

2. 婚前性行为、怀孕与流产

青少年时期可能会有强烈的性冲动，这本身是很正常的生理现象。但如果对自己的欲望和冲动不加控制，就可能带来严重的后果。调查显示，未成年人怀孕与流产已成为困扰社会的一大问题。

青少年发生性行为，通常是在一些错误观念的支配下发生的。典型的错误观念有：

性行为是长大成熟的标志？

事实上，如果我们真的长大了，可以成熟地思考问题，就不会用自己的身体和前途冒险。不要用是否有过性行为来判定自己是否成熟了，如果在不该发生的时候发生性行为，只能推迟自己的成熟，也证明了自己的不成熟。

性行为可以稳固爱情关系？

我们前面花了很多时间讨论爱情的本质问题，并没有说性行为可以增进爱情。相反，倘若爱情需要靠性行为去维系的话，说明这份感情一定名存实亡了。

如果相爱，就可以有性关系？

爱情是性的前提，没有爱情就没有性，但有爱情并不是有性的充分条件。爱情不是游戏，是对终身伴侣的追寻过程，只有当两个人都能独立地承担起自己的人生责任时，才会有力量相爱，才会有真正成熟的爱情，才可以有更深层的关系，否则只会带来伤害。

在我国，如果在校学生未婚先孕将会面临很严重的后果。如果生下小孩，则学业无法完成，提前十几年担负起养育孩子的责任，还要承受未婚生育的巨大社会舆论压力，这对于自身还处于发育阶段的青少年来讲是根本无法完成的任务。如果做了人工流产，由于青少年身体发育还不成熟，在人流过程中，很容易造成性器官损伤，引起盆腔炎等感染性疾病，甚至造成终生不育。另外，由于学生都是瞒着教师和家长来做人流的，承受着很大的心理压力，加之学习负担也很重，术后得不到充分休息和营养保障，将会落下很多病症，带来难以愈合的生理和心理创伤。因此，青少年一定要为自己和他人负责，避免过早发生性行为。

如果不加控制，过早发生性行为，导致怀孕及流产会给男女双方造成很大伤害，也会给未来的婚姻生活蒙上阴影。而万一发生不洁性行为，感染上艾滋病或者其他性病，一生都会因此而完全改变。以性关系为纽带的爱情是极不稳固的，婚前性行为对女性的负面影响远远超过男性，如果有过性行为后女生被男友抛弃，更会产生强烈的挫败感和自我否定。因此，为了我们一生的幸福，在恋爱中一定要控制自己的冲动，避免因过早发生不该有的性行为而给我们的身心造成一系列的伤害。

3. 艾滋病及其预防

艾滋病是全球范围内传播最广的性病，目前全世界有3300多万人感染艾滋病病毒。2007年全球新感染艾滋病病毒人数约为250万，相当于每天增加6800名感染者；死于艾滋病的人数约为210万，相当于每天5700多人死于艾滋病。

我国于1985年发现首例艾滋病感染者以来，截至2007年年底，全国累计报告艾滋病病毒感染者和艾滋病病人共22.35万，死亡人数为2万多。预计我国现有艾滋病病人和感染者约70万，其中半数以上是通过性传播感染的。

目前，艾滋病仍是不治之症，如果不幸感染，后果将不堪设想。因此，我们必须对艾滋病及其传播途径、表现有所了解，以学会预防及自我保护。

什么是艾滋病？

艾滋病是获得性免疫缺陷综合征的简称，是人体感染了人类免疫缺陷病毒（又称艾滋病病毒）所导致的传染病。通俗地讲，艾滋病就是人体的免疫系统被艾滋病病毒破坏，使人体丧失抵抗各种疾病的能力，从而发生多种机会性感染或肿瘤，最后导致死亡的一种严重传染病。这种病毒终生传染，破坏人的免疫系统。随着人体免疫力的降低，人会越来越频繁地感染各种致病微生物，而且感染的程度也会越来越严重，最终会因各种复合感染而导致死亡。

艾滋病是如何传播的？

艾滋病的传染源主要是艾滋病病人和HIV感染者（病毒携带者）。艾滋病病毒的传播途径主要包括性接触、血液和母婴传播三种，性接触是艾滋病最主要的传播途径。艾滋病可通过性交的方式在男性之间、男女之间传播。性接触越多，感染艾滋病的危险越大。共用注射器吸毒是经血液传播艾滋病的重要危险行为，输入或注射被艾滋病病毒污染的血液或血液制品也会感染艾滋病。使用被艾滋病病毒污染的注射器、针灸针或剃须刀等能够侵入人体的器械都可能传播艾滋病。约1/3的感染了艾滋病病毒的妇女会通过妊娠、分娩和哺乳把艾滋病传染给婴幼儿。

艾滋病病毒对外界环境的抵抗力较弱，离开人体后，常温下只可生存数小时至数天。高温、干燥以及常用消毒剂都可以杀灭这种病毒。与艾滋病病人及感染者的日常生活和工作接触是不会感染艾滋病的，如握手、共同进餐、共用工具和办公用具等不会感染艾滋病。艾滋病也不会经马桶坐圈、电话机、餐饮具、卧具、游泳池或公共浴池等公共设施传播。

感染艾滋病后有什么表现？

艾滋病病毒在人体内的潜伏期平均为 2～10 年。HIV 感染者在发展成艾滋病病人以前外表看上去很健康，他们可以没有任何症状地生活和工作很多年，但能够将病毒传染给其他人。艾滋病临床上分为三期：①急性感染期，1 个月左右，是艾滋病病毒侵袭人体后刺激机体引发的反应，病人可出现发热、皮疹、恶心、呕吐、腹泻等症状。②潜伏期，平均 2～10 年，病人可以没有任何症状，但病毒持续繁殖，有强烈的破坏作用，具有较强的传染性。③艾滋病期。一年半左右，病人出现原因不明的淋巴结肿大，同时出现发热、疲劳、肌肉酸痛、食欲不振、消瘦和腹泻等全身症状。严重的病人最主要的表现是致病性感染、恶性肿瘤的发生以及找不到原因的细胞免疫缺陷。此期传染性极高。

如何预防艾滋病？

洁身自爱、遵守性道德，是预防通过性来传播艾滋病的根本措施。正确使用避孕套（安全套）不仅能避孕，还能减少感染艾滋病等性病的危险。共用注射器吸毒是传播艾滋病的重要途径，因此，青少年一定要拒绝毒品，珍爱生命。还要避免不必要的输血和注射，避免使用未严格消毒的器具进行不安全拔牙和美容，不使用未经艾滋病病毒抗体检测的血液和血液制品。具体预防措施有：①注意性安全，避免与艾滋病患者、疑似感染者及高发病率者发生性接触。②不用未经消毒的注射器和针头。③不接受艾滋病患者、疑似感染者及高发病率者献血。④避免使用境外生产的血液制品。⑤防止口、眼、鼻、黏膜与可疑感染物接触。⑥防止与他人共用可能被血液污染的用具，如牙刷、剃须刀等。

通过以上学习，我们对艾滋病及其危害性、传播途径和预防措施都有了一定了解，也知道如果不幸感染艾滋病病毒，后果将不堪设想。因此，在日常生活中，我们一定要洁身自爱、珍惜生命，保护自己，自觉预防和抵制艾滋病。

心灵训练

1. 你如何看待网恋？你认为网恋存在哪些弊端？

2. 你如何看待婚前性行为、怀孕与流产？与你的同学讨论，分享彼此的观点。

_____

_____

_____

3. 回答下列问题，并与同学一起讨论，看自己是否了解艾滋病的相关知识。

(1)艾滋病目前是_____。

    A. 可以治愈的　　B. 很难治愈的　　C. 无法治愈的　　D. 不知道

(2)艾滋病的主要传播途径有_____。

    A. 性接触　　　　B. 血液　　　　　C. 母婴　　　　　D. 握手　　　E. 进餐

(3)我国半数以上的艾滋病病人是通过_____感染的。

    A. 餐具　　　　　B. 卧具　　　　　C. 办公用具　　　D. 血液

    E. 性接触

(4)以下哪些行为可能会导致感染艾滋病？

    A. 共用剃须刀　　B. 共用牙刷　　　C. 不安全的性行为

    D. 吸毒　　　　　E. 工作接触

(5)以下哪些行为不会感染艾滋病？

    A. 游泳池游泳　　B. 浴池洗澡　　　C. 上公厕　　　　D. 共同进餐

    E. 握手

心灵拓展

1. 结合全班同学的讨论，思考自己对婚前性行为的态度是否受错误观念的引导？倘若是，想一想，应该如何修正自己的态度。

2. 给自己的家人和朋友讲一讲你学到的艾滋病知识，并一起探讨在日常生活中如何预防艾滋病，保护自己。

第7单元

主动学习——学习兴趣与动机

主题1 发现我的学习兴趣

心灵故事

法国昆虫学家法布尔，从小就对昆虫产生了浓厚的兴趣。他的两个口袋常常装着小甲虫之类的动物。"这只虫子的嘴巴是什么样子的？它有几只脚？"他总是一个人静静地观察。有一天夜里，他提着灯笼，蹲在田野里，观看蜈蚣怎样产卵，一连看了好几个小时。忽然他感到周围越来越亮，抬头一看，原来太阳已经从东方升起。还有一次，法布尔爬到一棵树上，聚精会神地观看螳螂的活动。突然他听到树下有人大喊"抓住他，抓住这个小偷！"他大吃一惊——原来人们竟把他当做小偷了！

王伟从小就喜欢计算机，由于学习成绩中等，他报考了某市计算机职业中专，希望将来能从事计算机工作。由于他对计算机的浓厚兴趣，他非常珍惜这一学习机会，每次上课都听得非常认真，也比他人更加努力。老师发现他技术不错，就让他做机房维护工作，这样他就有机会听每一门课程，有了他人没有的学习机会。后来，他从普通学生成为助教，学习起来就更加方便了。再后来他参加考试，顺利获得了计算机系统工程师的权威资格认证。当他毕业时，他一路过关斩将，最终被该市最大的网络公司聘为总经理助理。在王伟看来，一个人把自己的学习当做自己的兴趣和爱好去追求，也是一种幸福，一种享受。

读了上面两个案例后，你有什么感想？请回想一下，在你的生活中，你曾经对什么事情产生过浓厚的兴趣？你当时有什么表现？结果怎样？

_____

_____

_____

心灵智慧

德国哲学家尼采说过："想知道你是怎样的人，只要看一看你自己喜欢什么。"所谓自己喜欢什么，也就是自己对什么感兴趣。兴趣是人们力求认识某种事物或爱好某种活动的倾向。法布尔从小对昆虫活动产生了兴趣，激发了他终身研究昆虫的志趣，写下了巨著《昆虫记》，在昆虫学领域作出了巨大的贡献。

学习兴趣是学习自觉性和积极性的核心因素，是学习的催化剂。在学习过程中，学习兴趣与学习效果之间有着密切的关系。因为浓厚的学习兴趣可以使你对学习充满热情，主动克服各种困难，全力以赴地实现自己的学习目标，感到学习活动本身就是一种享受。学习兴趣有时甚至还能弥补智能发展的不足。相反，如果对学习不感兴趣，仅仅由于强制而求知，则味同嚼蜡，苦不堪言。

人的兴趣不是从天上掉下来的，而是在长期的教育影响与社会实践中不断发展起来的。兴趣也不是一成不变的，因此，我们应该适应生活的挑战，在实践中培养和发展自己的兴趣。如何培养学习兴趣呢？下面介绍几种具体方法，以供你选择。

1. 明确学习的目标

行动源于目标。正确的目标才能指导正确的行动。假设你参加一项活动，教师在教室中竖立一个活动篮筐，让你对着篮筐投篮。不管你在什么位置，你的努力都是有方向的，那就是——对着篮筐。然后教师把篮筐拿走，再让你投。结果会怎样呢？你很有可能抱着球不知道该往哪儿投。学习也是一样，有了明确的目标才能燃起上进之火，张开前进的风帆。可是，如何确定目标呢？目标太高或太低，自己都没有办法启动。

通过对自己学习活动的分析，你首先要选择一个较为可行的任务进行重点突破。有些学生在受长辈一顿训斥后，立即制订一个宏大的学习计划，其实这种计划十之八九是执行不下去的。比如你在一门专业课上老是迟交作业，你可以制订一个"四步"的学习目标：①按时交作业。②独立完成作业。③及时订正作业。④作业达到优良水平。这四个目标从低到高，先易后难，相互衔接，比较符合自己的承受水平和进步规律。你可能一开始会有爬坡的感觉，但通过一段时间的努力完全可以实现。同时，随着目标的逐个实现，你会越来越有成就感，学习热情也越来越高。

2. 强化学习的自信心

学习的兴趣，需要积极进取的精神作保证，自信正是产生这种精神的"能源"。自信，就是自己相信自己，相信自己有能力做好自己的事。在学习过程中，每个同学都有自己独特的能力，甚至是很突出的能力。因此，你要做的是：首先，不要怀疑自己的学习能力，要有不认输的学习精神。其次，要学会自我竞争，鼓励自己不断进步。一旦有所进步，就要对自己进行奖励。再次，积极参加各种专业竞赛活动。竞赛不是成绩好的同学的专利，每个人都应该有信心去争取；即使不获奖，也可以得到一次锻炼的机会。

3. 培养和保护好奇心

好奇心是人们对未知事物积极探求的一种倾向。好奇心是先天的心理特征，人人皆有。比如一个处在童年期的小孩，如果对外界的新鲜事物感到好奇，总是向大人问这问那，总想弄个明白。几乎所有的科学家从小都有超常的好奇心。欧几里得从小对数学产生好奇，阿基米德从小对物理现象产生好奇。我国古代科学家沈括被英国剑桥大学李约瑟教授称为"中国整部科学史中最卓越的人物"，他对天文、气象、历法、医药等多方面都有旺盛的好奇心。居里夫人曾说过，"好奇心是学者的第一美德，而好奇心又总是兴趣的导因。"

平时你是否经常以好奇的眼光去观察周围的事物？如果是，就请你写出两件因为你的好奇而激发你兴趣的事件，并介绍兴趣的演变过程。

事件   演变过程

_____ _____

_____ _____

这样做是对自己好奇心的珍惜和爱护，希望今后你可以带着好奇心去学习各种知识，带着好奇心去了解自然、观察社会，不论是专业课还是实践课，你都要积极思考，勇于提出自己的问题，积极探求事物的规律，从中你将会感到学习的无穷乐趣。

4. 上好实践操作训练课

如果你觉得自己的文化基础知识不够好，在学习学科知识方面不具备特长，那么一种扬长避短的办法就是：多接触实际，拉近书本与实际的距离，在正式学习与非正式学习之间建立起多样的联系。

你可以以参观企业或观摩的形式，尽早让自己进入实际场景，多进行实践操作的训练，上好每一节实操课，把抽象的理论具体化，把烦琐的操作简单化，少讲多练，发挥自己动手能力强的特长，让自己在每一节实操课中都尝试成功的乐趣，这样有助于培养自己的职业意识，增强工作责任心，促使自己主动学好科学知识，掌握专业技能和本领，激发学习兴趣。

此外，你在实践操作过程中可能会碰到各种问题。为了解决这些问题，你就需要主动查阅相关资料，探究相关情况，进行尝试、归纳、总结，在头脑中形成感性认识。然后，在学习理论课的过程中，可以解决实际操作中发现的问题，还可将理论与实践相联系。最后，再进行综合训练的实习，进一步巩固学到的知识，达到理论和实践的纵向与横向贯通。

5. 积极参加多种形式的课外活动

作为一名中职生，通过参加多种形式的活动，可以把学到的专业知识用于实践，培养自己的制作能力、创新精神和实践能力，从而进一步增强学习兴趣。如科技节、技能比赛、科技创新发明大赛等，这些活动专业性强，参加此类活动能够从中了解专业性质，树立学习专业课的信心，从成功中品尝喜悦，从失败中汲取经验。如到工厂参观、社会调查、社会实践等，这类活动目的明确，意义重大，能帮助自己为达到学习目标而坚持不懈地努力。

建议你根据自己的兴趣、特长，在校内外积极选择一些活动，作为自己的中心兴趣加以发展，为培养素质、活跃思维、锻炼能力打下基础，有效强化自己的学习兴趣。

心灵训练

兴趣是一个人的心理特征，它是可以在各种实践活动中得以激发与发展的。请你在下面安排的自我练习活动中认真去体验。

1. 寻找我的学科兴趣

我们每天都在学习各种各样的知识，你有没有想过，你对各种课程的兴趣程度如何？请试着回答以下问题：

最感兴趣的学科是：_____

原因是：_____

比较感兴趣的学科是：_____

原因是：_____

不太感兴趣的学科是：_____

原因是：_____

最不感兴趣的学科是：_____

原因是：_____

2. 了解我的其他兴趣

一个人在生活中除了学习之外，一定还有许多其他方面的兴趣，包括休闲活动、运动项目等。你是否系统地了解过自己的兴趣爱好？下面几部分的内容供你选择。

我的爱好

电视、杂志、图书、电影、画画、体育、旅游、闲聊、唱歌、跳舞、艺术表演、社交活动、书法、摄影、剪纸、烹饪、美容、服装设计、维修、集邮、收藏、科技活动、游戏、上网、探险、天文或其他_____

我喜欢的色彩

红色、粉红色、深红色、橙色、黄色、粉黄色、深绿色、浅绿色、深蓝色、浅蓝色、紫色、白色、黑色、灰色、棕色、褐色、红褐色或其他_____

我喜欢的运动

足球、乒乓球、羽毛球、滑雪、旱冰、跑步、跳绳、单杠、秋千、游泳、登山、下棋、篮球、排球、跳高、跳远、体操、踢毽、骑自行车、武术、台球或其他_____

我喜欢的音乐

舞曲、儿歌、民歌、流行歌曲、歌剧、戏剧、交响乐、美声歌曲、进行曲、弦乐、管乐、钢琴曲、电子音乐、摇滚乐、古典乐、爵士乐、民族音乐、校园歌曲、蓝调或其他_____

我喜欢的自然及人文环境

乡村、森林、山川、河流、海滨、海湾、湖泊、草原、沙漠、丘陵、盆地、山泉、岛屿、小桥、楼亭、高楼建筑、树林、田间、山顶、池塘、游泳池、乡间小路、沃野或其他_____

3. 兴趣成因分析

请简单叙述一下你感兴趣的事件，仔细想一想为什么会这样。与同学分享你的想法。

感兴趣的事件：　　　　　　　原因分析：

_____　　_____

_____　　_____

心灵拓展

通过上述活动，也许你感到自己的学习兴趣不够浓厚或者你的生活情趣不够广泛。没关系，只要你能努力去尝试培养兴趣，你一定会有成功的一天。

请仔细想一想，是否有一些你原先不感兴趣但后来感兴趣的事件，写下该事件的改变状况及原因，完成下面的表格。如果愿意，你还可以总结你兴趣发生转变的原因，并与同学一起分享。

事件起初状态	改变状况	原因分析

主题2　保持我的学习动力

心灵故事

徐亮从小就对汽车很感兴趣，希望报考汽车维修相关专业，将来做一名汽车美容师。但父母不同意，希望他报考计算机相关专业，因为"将来好找工作"。徐亮虽然不太情愿，但他不想让父母不高兴。于是，中考之后，他成为了职业学校计算机及应用专业的一名学生。

刚入学，父母说如果他在学校表现好的话，就给他买一个法拉利赛车模型，这个汽车模型可是他梦寐以求的呀。他非常兴奋，学习劲头也很大。他上课经常提问，希望给老师留下好印象，说他是一个上进、用功的学生。但没过多久，父母对他的学习不太过问了，也从没提起过什么赛车模型，他觉得有些失落。另外，老师讲的计算机原理和语言越来越难懂，他提不出什么问题，经常打瞌睡。老师觉得他退步了不少，也就很少注意和表扬他了。这样一来，他就更加沮丧了。他越来越不想去上课，不想见到老师，也不想回家，他喜欢的是躺在宿舍的床上，翻看最新的汽车杂志。渐渐地，他的功课落下了很多。班主任鼓励大家去参加计算机资格考试，这样对以后就业会有帮助。徐亮心里没谱，但觉得老师说得也有道理，就硬着头皮参加了，结果惨败而归。快要毕业时，徐亮有些慌了。他觉得自己在学校根本没学到什么东西，出去肯定找不到一个父母眼中的"好工作"，而自己经常看的汽车杂志也没法帮他找到一个他憧憬的汽车美容师的工作。他不知如何是好……

　　读了以上的案例，你有什么想法？你觉得徐亮为什么报考了一个自己不喜欢的专业？他刚入学时努力学习是为了什么？后来为什么有所变化？你认为，如果徐亮想要保持持久的学习动力，应该怎么做？写下你的想法，与你的同学一起分享。

_____

_____

_____

_____

心灵智慧

　　世界上的一切事物都是在某些（或某种）动力的推动下发生和发展的，人的各种活动也不例外。推动人们进行某种活动的动力，在心理学上被称为动机。引起、维持和推动学生进行学习活动的内部力量，称为学习动机，它在学习中具有重大的作用。

　　不同学生的学习动机各有差异，同一个学生也可能存在相互交织的几种学习动机。一般认为，学习动机包括以下几种类型：①内在动机。指个体学习是因为内在的兴趣、好奇心、愉悦感和探索欲等，如"我努力学习是因为我觉得学习是一件很有意思的事情"。②价值判断。指个体学习是因为一种工具性倾向，即做他们认为有价值的事情，如"我努力学习是因为学习对我很重要"。③好孩子倾向。指个体学习是为了迎合他人的喜好，避免羞愧感，如"我努力学习是因为希望老师喜欢我"。④外部奖惩。指个体学习是为了获得奖励、避免惩罚，如"我努力学习是因为我想得到奖品"。这四种类型的学习动机，从完全的内在动机向完全的外在动机逐步递进。

不同的学习动机对学习的推动作用是不同的。内在动机具有较大的动力，其作用维持的时间也比较长。如果我们的学习由内在动机推动，就会表现出对学习的执著、热忱和不畏困难的特征，始终有自给自足的动力能源，不必受外部因素的干扰。强调内在动机的作用，并不意味着否定外在动机。事实上，如获得外部奖励以及父母、师长的赞许等外在动机同样能够对学习起到一定的推动作用。但研究表明，过度强调外在动机，如过度奖赏等，会使我们的学习动机完全转到外部奖励上，而不再重视学习过程的愉悦；一旦外部奖励消失，我们的学习动机可能也会随之消失。例如，前文案例中的徐亮，由于父母并没有履行"法拉利赛车模型"的承诺，导致徐亮逐渐产生沮丧情绪，学习动力不足。

因此，可以认为，能够持续地起到推动学习进行的动力是内在动机，外在动机只是起到辅助作用。只有当外在动机转化为内在动机，并且以内在动机为主时，我们才能充分感受到学习本身的乐趣，无须过多的外部压力也能主动地、自发地、积极地投入学习活动中。

那么，如何才能保证自己具有持续的学习动力呢？以下几点建议或许对你有所帮助：

1. 认识学习的内在价值

学习对个人修养、充实自我和愉悦身心都有积极的意义。课本上的知识和实习课的实践经验都是有价值的，它们能够帮助我们熟练地掌握专业技能，为将来就业提供保障等。

2. 及时了解自己的学习结果

可以多与老师、父母和同学沟通，听取他们的意见和建议，及时收集对自身学习活动的反馈，这样既能看到自己的进步，提高学习热情，增加努力程度，又能发现自己的不足，激发上进心，克服缺点，争取更好的成绩。

3. 随时分析学习成败的原因

在成长的过程中，每个人都会有成功与失败。成功时，我们不能盲目自鸣得意；失败时，我们更不能一味自怨自艾。不论成败，我们都需要以成熟的心态来面对，分析成败的原因，这样便可以更好地认识、预测和控制自己的学习行为，激发自己学习的积极性。关于如何恰当地分析成败的原因，你将会在主题 3 里找到答案。

4. 创造体验成功的机会

比尔·盖茨说过"没有什么东西比成功更能增加满足的感觉，也没有什么东西比成功更能鼓起进一步求成功的努力"。因此，我们可以多参加各种形式的学习竞赛活动，提升自己的学习动机，争取获得更多的成功体验。

心灵训练

1. 自我剖析

现在你已经了解到学习动机是推动自己学习的内在动力，它能够激励和指引你去学习。如有的人学习是因为对学科本身感兴趣，有的人是为了升学，有的人是为了父母而学……

也许你平时不太注意或没有刻意去想自己学习是为了什么，那么现在，请你仔细想一想，你的学习动机是什么？写下你的真实想法，然后与你的同学一起分享。

我的学习动机是：

_____

_____

什么样的学习动机最有利于我们坚持学习？你的学习动机是否能够使你保持持久的学习动力？仔细分析后，写下你的想法：

_____

_____

2. 自我检测

你在学习方面存在困扰吗？你是否有些疑虑？你想进一步了解自己的学习动机、学习兴趣和学习目标吗？让我们来做一个小测试吧！

请仔细阅读下面的每一道题目，并与自己的实际情况对照。若觉得相符，就在题目后面的括号里打个"√"，不相符则打个"×"。

(1)如果他人不督促我，我极少主动学习。 （　）

(2)当我读书时，需要很长时间才能提起精神来。 （　）

(3)我一读书就觉得疲劳和厌烦，老想睡觉。 （ ）

(4)除了老师指定的作业外，我不想多看书。 （ ）

(5)对于不懂的地方，我根本不想弄懂它。 （ ）

(6)我常想，自己不用花太多的时间，成绩就会超过他人。 （ ）

(7)我迫切希望自己能在短时间内大幅度提高学习成绩。 （ ）

(8)我经常为成绩没能在短时间内提高而烦恼不已。 （ ）

(9)为了及时完成某项作业，我宁愿废寝忘食，通宵达旦。 （ ）

(10)为了学好功课，我放弃了许多感兴趣的活动，如体育锻炼、看电影、郊游等。 （ ）

(11)我觉得读书没有意思，想去找个工作。 （ ）

(12)我认为课本上的基础知识没什么好学的，只有读大部头作品才带劲。 （ ）

(13)我只在我喜欢的科目上狠下工夫，而对不喜欢的科目放任自流。 （ ）

(14)我花在课外读物上的时间比花在教科书上的时间要多得多。 （ ）

(15)我把自己的时间平均分配在各门课程上。 （ ）

(16)我给自己定下的学习目标，多数因做不到而不得不放弃。 （ ）

(17)我几乎毫不费力就能实现自己的学习目标。 （ ）

(18)我总是为同时实现几个学习目标而忙得焦头烂额。 （ ）

(19)为了对付每天的学习任务，我已经感到力不从心了。 （ ）

(20)为了实现一个大目标，我不再给自己制订循序渐进的小目标。 （ ）

计分方法：

选"是"记1分，选"否"记0分，将各题得分相加得到总分。

评价标准：

14～20分，说明在学习动机上有严重问题和困扰，需调整；6～13分，说明在学习动机上有一定问题和困扰，可调整；0～5分，说明在学习动机上有少许问题，必要时可以调整。

结合你的回答，看看自己在哪些方面存在困扰，该如何面对这种情况？与你的同学一起分享彼此的看法。

_____

_____

心灵拓展

你现在已经知道了当外在动机逐渐转化为内在动机，并且以内在动机为主时，你才能充分感受到学习本身的乐趣，才能持续不断地坚持学习活动。通过上述活动，你或许对自己的学习动机不太满意，觉得自己的动机还不足以让自己拥有持续的学习动力。没关系，动机不是天生的，也不是一成不变的。只要你愿意作出一番努力，完全可以改变这种状态。现在，就让我们尝试着改变吧！

请选择一件你正在做、却不太感兴趣的事件（学习方面）。按照以下要求填写每一项的内容。

1. 不感兴趣的事件：＿＿＿＿＿＿＿＿＿＿＿＿＿＿＿＿＿＿

2. 你不得不做的原因（动机）：

＿＿＿＿＿＿＿＿＿＿＿＿＿＿＿＿＿＿＿＿＿＿＿＿＿＿＿＿

＿＿＿＿＿＿＿＿＿＿＿＿＿＿＿＿＿＿＿＿＿＿＿＿＿＿＿＿

3. 你打算采取什么方法来改变这一状态？

＿＿＿＿＿＿＿＿＿＿＿＿＿＿＿＿＿＿＿＿＿＿＿＿＿＿＿＿

＿＿＿＿＿＿＿＿＿＿＿＿＿＿＿＿＿＿＿＿＿＿＿＿＿＿＿＿

可供选择的方法：

● 广泛收集关于这一事件的信息。知识积累得越多，兴趣就会不断增加，把知识作一个系统整理，试图对它有深入的了解。

● 端正态度。没有认真对待它之前，并不能说明你对此没有兴趣或才能。

● 培养好奇心和求知欲。带着好奇心去观察、了解和学习，多提问、多实践，从中你会感到无限乐趣……

4. 依照你自己的方法，至少坚持一个月，看看你的努力是否产生了效果。现在你还在做这件事情的原因：

＿＿＿＿＿＿＿＿＿＿＿＿＿＿＿＿＿＿＿＿＿＿＿＿＿＿＿＿

＿＿＿＿＿＿＿＿＿＿＿＿＿＿＿＿＿＿＿＿＿＿＿＿＿＿＿＿

5. 分析你的转变，总结你的方法，与你的同学一起分享。

＿＿＿＿＿＿＿＿＿＿＿＿＿＿＿＿＿＿＿＿＿＿＿＿＿＿＿＿

主题3 了解我的动机归因

心灵故事

李恬是一名统计专业的中职生，他在学校的表现一直比较落后，上课听不懂老师在讲什么，作业也不会做，更别提实训课了。他觉得自己脑子太笨、接受能力太差，老师讲的内容太难懂，自己根本就不适合学这个专业，所以越来越灰心，对学习越来越厌倦。

班主任赵老师了解情况后，多次找李恬谈心，了解他的真实想法，在鼓励他之后还给他提了很多建议。没过多久，同学们发现李恬的学习热情又回来了，他没有放弃自己的专业，反而更加努力，成绩有了很大的进步。这到底是怎么回事呢？

大家纷纷表示好奇，李恬这才透露出原因。他说，跟赵老师谈心，受了很多的鼓励，我觉得我并不是因为脑子笨而读不好书，而是缺乏有效的学习方法，时间管理的能力也不强，虽然花在学习上的时间挺长，但是效率太低了。所以我就在这些方面下工夫，一方面向老师和成绩好的同学请教比较科学的学习方法；另一方面我也在慢慢改进自己拖拉的坏习惯。事实证明，我的这些做法是有效的，我的学习成绩果然有所提高，这样我自然就对学习慢慢地感兴趣了。

读了以上的案例，请你仔细想一想，李恬最初的想法和后来的想法有什么不同？为什么他前后表现有这么大的差异？写下你的想法，之后与你的同学一起分享。

最初他觉得自己为什么学不好？ _____

_____

后来他觉得自己为什么学不好？ _____

_____

你觉得哪种想法更积极，为什么？ _____

_____

李恬的转变对你有什么启示？ _____

_____

心灵智慧

学习动机是指直接推动个体进行学习的一种内部动力，是激励和指引个体进行学习的一种需要。我们的学习是受多方面因素影响的，其中主要是受学习动机的支配。学习动机主要包括：对知识价值的认识，对学习的直接兴趣，对自身学习能力的认识，以及对学习成绩的归因。

　　归因，即归结原因，是指人们对他人或自己的行为进行分析，推论出这些行为的内在原因的过程。美国心理学家韦纳提出的归因理论认为，每个人都力求解释自己的行为，分析其行为结果的原因。韦纳通过研究发现，无论成功还是失败，一个人在分析原因时，往往倾向于从能力高低、努力程度、任务难度、运气好坏、身心状况、外界环境六个方面来寻找原因。

　　心理学研究表明，人们在做事情时，对成功与失败的不同归因方式，会影响其完成任务的过程。例如，当我们把成功归因于自己的主观努力和能力等内部原因时，会感到信心十足，对今后的成功抱有较高的期望；当我们把失败归因于缺乏努力或学习方法时，我们便会投入更多的精力，显示出更高的学习积极性；当我们把失败归因于能力时，会产生羞愧或内疚，对未来的成功抱较低的期望。

　　回想一下前文中的李恬同学，当他认为自己成绩不好是因为自己脑子笨、接受能力差时，就会产生无能为力的感觉，无可奈何中就会降低对成功的期望，因而也就对学习丧失了坚持性和自觉性。但后来他采用了更加积极的归因模式，认为自己成绩不好不是因为自己能力不行，而是因为不能运用科学的学习方法，有些不良的学习习惯没有改变等。于是他从这些方面着手进行改变，在学校的表现越来越好，也不断增强了自信。可见，归因通过影响人们的期望和情绪情感会对动机产生极大的影响。

　　那么，如何做到积极的归因呢？

积极归因

　　首先，在遇到挫折时，应从多角度辩证地看问题，成功固然带来欢乐与满足，但失败的经验也并非不具有积极意义。对于某些人来说，失败是失败之源，而对于另一些人来说，失败就是成功之母。人们对成败原因的解释，是影响以后成败的重要原因。

　　其次，进行"努力归因"训练。无论是成功还是失败，都应该设法归因于自身努力的程度。命运由自己主宰。当你取得成功时，告诉自己这是努力的结果，鼓励自己继续勤奋学习，以获得更大的成功；当你遇到挫折时，告诉自己可能是因为自身努力不够，不要因为一时的失败而降低对未来成功的期望，而要更加努力直至成功。此外，由于自身努力所带来的成功，其实也正是能力的体现。

　　再次，适时进行"现实归因"训练。有些时候只作努力归因是不够的，当你已经十分努力但还是无法成功时，努力归因显然是不切实际的。因此，除了努力因素之外，你还要分析哪些因素在多大限度上影响学业表现，如学习方法和策略不当、学习态度没有端正等。然后，根据自己的分析，寻求相应的帮助以解决自身存在的问题，如向老师、学长、同学或父母求助。自己也要多总结方法、多练习等。

小窍门

 心灵训练

下面请你对自己近期的学习情况作一个成功与失败的原因分析，以了解自己学习动机的归因方式。

如果你的学业表现**不理想**，那是因为什么？以下列举了一些可能的原因，如果符合你的情况，就请在题前的□内打"√"。

□1. 家里没有人指导疑难作业	□17. 学校令人讨厌
□2. 生性懒散，不够积极	□18. 老师的教学方法不能适合自己的需要
□3. 学习的科目过于枯燥	□19. 有问题不敢问老师或向同学请教
□4. 不懂得有效的学习方法	□20. 父母不和，家庭气氛不安宁
□5. 自己情绪不稳定	□21. 读书毫无价值
□6. 家里环境嘈杂，没法学习	□22. 运气不好，知道的常没考到
□7. 多次失败，心灰意冷	□23. 老师的要求太高
□8. 课程过于复杂，难以理解	□24. 自己能力不够
□9. 生活没有规律	□25. 上课或看书的时候不能集中注意力
□10. 缺乏恒心与毅力	□26. 不喜欢任课老师
□11. 父母不过问，缺乏鼓励	□27. 考试题目太难
□12. 过去的疑难作业一直没有解决	□28. 帮着做家务、忙生计，缺少学习时间
□13. 班上学习风气欠佳	□29. 有视力或听力的缺陷
□14. 不能妥善安排学习时间	□30. 自己不够努力
□15. 身体虚弱多病，无法专心读书	□31. 没有请家教或参加课外辅导
□16. 没有预习和复习功课的习惯	

在你所选的原因中，请再选出五个最重要的，将它们的题号按照重要程度的高低顺序填写在下面的格子里(最重要的先写)：

□ □ □ □ □

如果还有其他原因，请写在这里：_____

如果你的学业表现令人满意，那是因为什么？以下列举了一些可能的原因，如果符合你的情况，就请在题前的□内打"√"。

□1. 家里有人协助解决疑难问题	□17. 学校令人喜欢
□2. 生性积极，力求上进	□18. 老师的教学方法能适合自己的需要
□3. 学习的科目生动有趣	□19. 有问题敢问老师或向同学请教
□4. 知道有效的学习方法	□20. 父母和睦，家庭气氛融洽
□5. 自己情绪稳定	□21. 读书有很大的价值
□6. 家里环境安静，适合学习	□22. 运气好，知道的常考到
□7. 常名列前茅，充满自信	□23. 老师的要求适合自己的能力
□8. 所学课程都能理解	□24. 自己能力够高
□9. 生活有规律	□25. 上课或看书的时候能够集中注意力
□10. 有恒心与毅力	□26. 喜欢任课老师
□11. 父母经常过问学习，并给予鼓励	□27. 考试题目难易适中
□12. 过去的学习基础扎实	□28. 在家里有充裕的学习时间
□13. 班上学习风气良好	□29. 视力或听力都很敏锐
□14. 能自己妥善安排学习时间	□30. 自己很努力
□15. 身体健康，精力充沛	□31. 请家教或参加课外辅导
□16. 有预习和复习功课的习惯	

在你所选的原因中，请再选出五个最重要的，将它们的题号按照重要程度的高低顺序填写在下面的格子里（最重要的先写）：

□ □ □ □ □

如果还有其他原因，请写在这里：＿＿＿＿＿＿＿＿＿

测验项目说明

	内在性	外在性
稳定	2, 5, 10, 15, 21, 24, 26, 29	1, 3, 8, 12, 13, 17, 23, 27
不稳定	4, 7, 9, 14, 16, 19, 25, 30	6, 11, 18, 20, 22, 28, 31

计分方式：

打"√"记1分，没打"√"记0分。将四个维度对应的题目的分数分别相加，即可得到你在"内在稳定""内在不稳定""外在稳定"和"外在不稳定"四个维度上的分数。

评分标准：

如果你在某个维度上的得分最高，则说明你的归因方式属于该种类型。

心灵拓展

1. 准备活动

当你有了认识后，还要在日常生活中付诸行动，请你完成下面的课外作业。在完成作业之前，先请你认真观察下面的图形，并回答"这张图里画的是什么？"

也许有人会说是鸭子，那是因为他的眼光是从左向右。

也许有人会说是兔子，那是因为他的眼光是从右向左。

人们在解释事件时所表现的差异是因为受到自身认知风格的制约，而不同的解释方式经常决定了不同的结果。

通过对这张图的解释，对你有什么启发吗？你是否觉得应该懂得一些归因方法呢？

那么，就让我们来学着试试不同的归因方法吧！赶快行动起来，完成下面的活动。

2. 正式活动

请在5分钟之内，根据下面的图片写出一个小故事，故事中要求回答下面四个问题：①发生了什么事情？②导致这个情景的原因是什么？③图片中的人在想什么？④将会发生什么事？

你的故事是：

_____

_____

曾有位同学是这样描述故事的：

这个学生正在准备即将到来的考试。他读得很卖力，因为上次考试他只得了B，这回他想考得更好。他正在想可能会考些什么题目。看来他会考得不错，而且毕业后大概会找到个好工作。

你认为他的归因是什么？

_____

与你的同伴互相分享你们所编的小故事，分析你和你同伴的归因分别是什么？

你的归因：_____

_____

同伴的归因：_____

_____

主题4 确立成就目标

心灵故事

杨婷是中等职业学校商务英语专业二年级的学生。她上初中时才开始学习英语，但她就像一见钟情似的对英语非常着迷。虽然她觉得自己的语言天赋并不高，但是她相信通过不懈努力，一定可以提高自己的能力。上专业课时，她积极投入，经常与老师探讨问题；课下她也不断找机会锻炼自己的口语，如鼓励室友们在寝室说英语，与一些志同道合的朋友组织每周一次的"英语角"，在班里举办"职场模拟竞技"等活动。一年来，杨婷觉得自己的专业技能得到了很大的提高。尽管她在班里的成绩处于中等水平，但是她觉得自己在不断地学习新知识、不断地提升，所以一直充满自信。刚上高二，她就报名参加了全市中职生英语口语技能大赛。虽然她没有拿到理想的名次，但她觉得自己在准备比赛的过程中得到了很大锻炼，同时也说明自己的专业技能还需要进一步提升。比赛之后，杨婷决定去参加商务英语培训，以更好地锻炼自己的技能、提高自己的专业素养。此时她已定下了下一个目标，那就是全省的中职生英语演讲比赛！她相信自己肯定会有所收获的。

钟威是一名高二学生，就读于中等职业学校的会计专业。他的学习成绩在班里属于中等。他觉得凭自己的能力也就能达到这个水平，再怎么努力也不会有太大的改观。他在学校并不是很受欢迎，因为他很喜欢在同学面前炫耀自己，对"攀比"乐此不疲。每次考试成绩出来后，他都要到处打听他人的成绩，看看谁比他考得好，谁不如他。上课时，如果老师提出的问题他有把握，他会抢着回答；他的珠算在班里算比较出色的，所以一有机会他都会表现表现。然而，一遇到比较棘手的问题，他就显得畏首畏尾。如他不太擅长《会计电算化》这门课程，所以上课时他就一直低头盯着书看，生怕老师点他起来回答问题。前段时间全校举办了"会计电算化技能大赛"，鼓励会计专业的同学都去试一试，钟威迟迟不肯报名，他可不想给自己丢面子，最终他还是没去参加比赛。

读了以上两个案例，你有什么想法？同是中等水平的两位同学，为什么杨婷愿意一直努力，而钟威却不这么想？面对失败时，他们分别是什么态度？遇到挑战时，他们又分别是什么态度？读完之后，对你有什么启发？请写下你的想法，之后与你的同学一起分享。

_____

_____

_____

_____

_____

心灵智慧

人的活动总是指向一定的目标的，总是力图在某些方面取得成就。这种促使人们力求获得成功的内在推动力量，被称为成就动机。学生的学习活动也受成就动机的推动。我们所具有的成就目标决定了我们在学习过程中的学习行为和表现。

成就目标是指人们为了获得或达到有价值的结果或目的而参与成就活动的原因。由于每个人对能力的理解不同，因此，所追寻的成就目标也就不同。我们从事学习活动时的成就目标主要包括两类：掌握目标和表现目标。

追求掌握目标，会认为智力和能力是可以培养、可以发展的，因而力求掌握新的知识和提高自己的能力。如果失败了，会有适度的焦虑情绪，而失败仅仅说明当前的方法还不足以完成学习任务，需要改进；即使能力或自信心较低，也敢于面对挑战性任务，遇到困难能够坚持。因此，掌握目标是一种适应性的动机模型，它有利于促进我们的学习。

追求表现目标，会认为智力和能力是天生的、固定不变的，因而强调把自己和他人相比较，力图向他人展示自己的才智和能力，喜欢获得积极评价而避免消极评价。如果失败了，会怀疑自己的能力，容易产生羞愧、焦虑等情绪；面对挑战性任务时，会表示厌烦、轻视或回避，遇到困难不容易坚持。他们觉得能力和努力是成反比的，越努力说明能力越低。尤其对于能力或自信心偏低的人来说，往往选择容易的任务，甚至逃避学习。因此，表现目标是一种非适应性的动机模型，它会引发消极的学习行为，导致较低的学业成绩。

那么如何才能使自己具有适应性的成就目标，即掌握目标呢？以下方法可供你选择：

1. 树立正确的能力观

一个人的能力由知识和技能构成，随着学习的进行，人们所掌握知识和技能的逐渐积累，能力也在不断地发展。能力与特定的任务有关，一个人在某一领域的能力高，并不意味着他在另一领域的能力也高。我们应该树立一种积极的能力增长观，即认为能力不是固定的、不是个人无法控制的，而是能够改变的，要相信自己可以通过努力来改变自身的能力。当遇到困难时要更加努力，而不是回避或放弃。

2. 建立自我参照的、短期的学习目标

如果把学习目标定在取得好成绩、得到他人的肯定或超过其他人，那么我们很可能不敢面对困难和挑战，也会想尽办法避免失败而使自己的形象免受损害。很显然，这种想法不利于我们的长远发展。因此，我们可以把学习看做是一种学习新知识、掌握学习内容、提高自身能力的手段。随着学习的进行，我们掌握了更多的知识，对所处的世界更加了解，与此同时，我们自身的能力也随之提高，何乐而不为呢？

在设置学习目标时，要学会自我比较，或许你更需要关心"自己进步了多少"，而不是"我比谁强了多少"。人一生的发展过程就是一直跟自己比赛、不断超越自己的过程。跟自己比赛，你永远不必担心会失去比赛的对象，而且这会给你带来更多的成就感和自豪感。若把自己与他人相比，自己胜利了也并不一定表明自己就进步了；把自己与自己比，只要自己超越了原来的自我，那么自己就算往前迈了一步，这种进步会强烈地推动你再定新目标、继续前进。

此外，应该有计划、有步骤地设置短期学习目标，比如一周内、一月内的目标等。与远期的学习目标相比，近期学习目标更容易实现，更容易使自己获得成功体验。通过不断地完成计划中的任务，你会明显感到自己能力的提高。

3. 提高自我管理能力

设置学习目标后，就需要按照计划开始实施了。你可以根据自己的学习基础、学习状态等情况自定步调，采取最适于自己的速度来进行学习。在此过程

中，你要有意识地提高自我监督的自觉性和培养自我监控的能力。

下面介绍一种简便易行的方法：你可以找一个笔记本，最好是一本能记事的挂历，挂在自己房间里比较醒目的地方。每天的学习活动结束后，把一天学习的收获、失误、感想、体会、状态和自我要求等内容记录下来，进行反思，再提出第二天的学习目标和改进措施，每天一反思，每周一小结。一方面可以培养自控能力；另一方面还能督促自己坚持自觉学习。这种自我监控的方法实际上就是学习日记，但不要求详尽具体，每天晚上花几分钟的时间反思一下，写下几句简明扼要的话，白纸黑字可以加深印象。第二天起床回味一番，振奋精神，又立即行动。如果你能坚持，你会发现自己办事越来越有效率，也越来越有自信。

在整个学习过程中，虽然老师、父母会给你建立评价标准，进而给你不同程度上的奖励或惩罚，但是你仍需要学会自我评价，这也属于自我管理的一部分。当然，自我评价的标准并不仅仅是学业成绩。当今社会越来越强调多元化的发展，因此，自我评价的角度也应该多元化，在重视学业成绩的同时，也要看到自己其他方面的长处和优势。你可以从自身角度出发，从知识和技能的掌握、情感体验、学习态度、学习习惯、合作能力、学习收获等各方面对自己进行评价，从评价中学会自我认识和自我接纳。

此外，在对自己进行奖励时，要以自我提高为标准。只要自己付出努力、取得了进步，就应该自我鼓励和奖励，这样你会感受到学习成功的骄傲，体会到努力的价值和意义。

4. 多合作，发现他人的闪光点

团队合作是人类得以生存并战胜困难的可靠保证。人是社会的人，人类的一切活动都是在集体中通过合作进行的。对于我们学生来说，如果在学习过程中，总想"誓与他人比高下"，要超过他人、展示自己的能力，而缺乏欣赏他人、与他人合作等意识，将会很不利于我们自身的发展。每个人都是独立的个体，都有自己擅长的领域和独特的才能，因此，不要总是对他人进行消极评价。要善于发现和挖掘他人身上的闪光点，在与他人交往的过程中取长补短。

此外，不要过于限制自己的交友圈，应该创造机会多与不同的同学进行沟通、合作，如多参加各种班级活动、校级活动等。经常与他人合作，你也可能会不断发现自己拥有新的潜力。

心灵训练

通过上述活动，你已经知道了个体的成就目标会影响自身的学习行为、学习表现等。那么你想知道自己的成就目标倾向吗？一起来做下面的小测试吧！

以下是你在日常学习中经常有的一些想法，请你评价这些想法与你的实际情况的符合程度。每个项目后面的五个数字分别代表不同的符合程度：1—非常不符合，2—比较不符合，3—说不清楚（有时符合有时不符合），4—比较符合，5—非常符合。请仔细阅读每一项，在相应的数字上画"○"。

		非常不符合	比较不符合	说不清楚	比较符合	非常符合
1	我喜欢学习是因为它能让我增长知识。	1	2	3	4	5
2	如果班上只有我一个人能回答老师的提问，我会感觉非常好。	1	2	3	4	5
3	当我学到一些以前不懂的知识时，我会非常高兴。	1	2	3	4	5
4	在班上，我总是尽量争取比他人表现得更出色。	1	2	3	4	5
5	在学校，我最大的愿望是能学到尽可能多的东西。	1	2	3	4	5
6	学习时，我最怕老师说我笨，学不会。	1	2	3	4	5
7	我总是希望通过自己的行动证明我很能干。	1	2	3	4	5
8	他人羡慕我的学习成绩，我会非常高兴。	1	2	3	4	5
9	在班里，我的愿望是比他人做得好。	1	2	3	4	5
10	我喜欢学习那些能让我增长知识的东西。	1	2	3	4	5
11	如果我的问题没有引起注意，我担心老师会认为我很笨。	1	2	3	4	5
12	课堂上我不主动发言是不想让他人觉得自己很差。	1	2	3	4	5
13	学习时我总是有愉快的感觉。	1	2	3	4	5
14	在参加活动中能引起他人的注意，我会很高兴。	1	2	3	4	5
15	上课时，为了验证自己的想法（答案）是否正确，我总是积极举手发言。	1	2	3	4	5
16	我经常担心课堂上还有没学会的东西。	1	2	3	4	5
17	遇到难题，我很少问同学，主要是怕同学笑话。	1	2	3	4	5
18	我喜欢寻找获得新知识的机会。	1	2	3	4	5
19	老师如果当众表扬我，我会觉得自己比他人强。	1	2	3	4	5
20	我喜欢具有挑战性的学习任务，因为我能够从中学到新东西。	1	2	3	4	5
21	上课自由发言时，我常担心自己的观点幼稚而不敢说话。	1	2	3	4	5
22	我努力学习的目的是想提高自己在班上的排名。	1	2	3	4	5

续表

		非常不符合	比较不符合	说不清楚	比较符合	非常符合
23	对我来说，最糟糕的事情是发现自己的能力得不到提高。	1	2	3	4	5
24	我最担心的是不能圆满完成学习任务。	1	2	3	4	5
25	当我在学习中出现错误时，我最关心的是老师和同学对我的看法。	1	2	3	4	5
26	我喜欢通过自己的努力解决学习中遇到的问题。	1	2	3	4	5

两个维度分别对应的题项：

掌握目标：1，3，5，7，10，13，15，16，18，20，23，24，26

表现目标：2，4，6，8，9，11，12，14，17，19，21，22，25

计分方式：

将"掌握目标"所对应的13个题目的分数相加，得到你在掌握目标维度上的总分 Y1。

将"表现目标"所对应的13个题目的分数相加，得到你在表现目标维度上的总分 Y2。

评分标准：

如果 Y1＞Y2，说明你更倾向于掌握目标；如果 Y1＜Y2，说明你更倾向于表现目标。

你的测试结果是：

_____

心灵拓展

如果上部分的结果表明你的成就目标更倾向于掌握目标，请想一想你是如何做到的？把你的经验写下来，与同学一起分享。

_____

如果上部分的结果表明你的成就目标更倾向于表现目标，请写出你打算如何做？

_____

第8单元

学会学习——学习策略的运用

主题1 计划伴我走向成功

心灵故事

晓珊是某中职学校导游专业的毕业生，现在在国内某旅行社当导游。谈起晓珊的业务表现，单位同事总是赞不绝口。每次带团结束，旅游团成员对晓珊的服务质量评价总是非常好。2008年北京奥运会开幕在即，旅行社把晓珊列为了接待外宾的重点培养导游。

作为成功就业的典范，晓珊受原来就读的中职学校之邀，给学弟学妹们作就业指导讲座。面对学弟学妹们敬佩的眼神，晓珊毫不隐瞒成功的秘诀："成功是积累起来的。我今天能有大家认可的职业能力，实在要感谢当初为自己制订的'猫咪觅食计划'。"

原来，"猫咪"是晓珊在学校时的绰号，所谓"猫咪觅食计划"就是给猫咪喂吃的。每个学期之初，猫咪都会给自己制订"学期觅食计划"，并且在每周日为下周制订"每周觅食计划"。以第三学期为例，"猫咪"晓珊以日常的学习内容为主食，又给自己准备了编写导游词、扩充基础知识、日常英语对话三道"配菜"。这些计划的绝大部分都得到了很好的执行。经过三年的精心"喂养"后，一只信心满满的猫咪昂首走出了学校的大门。

读完这个故事，你有什么感触？你为自己制订过学习计划吗？假如你是"馒头"，你觉得有必要给自己制订"烤馒头计划"，以便将来能新鲜出炉吗？

_____

_____

_____

心灵智慧

上述案例说明计划对于学业成功的影响巨大。那么，我们该如何制订科学的学习计划？一般而言，科学的学习计划应具有以下特点：

1. 不说大话

你能完成多少量的计划，就定多少量的计划。如果你为了取悦家长、老师甚至自己而去订一些华而不实的计划，那么你很可能在一开始就注定了失败的结局，而精心订计划的时间和努力都被白白浪费了。人不是不知疲倦的机器，如果计划得太满，开始还可能劲头十足，但用不了多久，就会因为压力太大而半途而废，还不如踏踏实实能做多少就做多少的好。所以，请你在订计划时一定要记得不说大话，实事求是地根据自己平时的学习效率和努力程度制订适合自己的学习量。注意给自己留出足够的休息娱乐时间，尤其是在周末或寒暑假。一般认为，计划量以付出中等的努力就能达到最为合适，它既不让你太放松，又不让你压力太大。最重要的是，如果你能不断完成计划，实现自己对自己的约定，你的自信心和自控能力就会大大的提高，而这些心理品质对一个人的成功是至关重要的。

2. 小步推进

长城不是一天修好的，要实现一个长远的目标，必须有可以长期坚持的计划。如果你平时懒懒散散，对学英语挺头痛，那么就不要强迫自己在一开始就背大量的英语单词。如果在10天之后你厌烦得看到英语单词就发毛，那这个学习计划就会毫无疑问地宣告失败了。所以，你还不如先让自己坚持每天记忆一定量的英语单词（比如10个），如果一段时间后觉得不太难做到，可以考虑再增加一些单词，但也不要增加太多。循序渐进、日积月累、持之以恒，是最重要的。为了确保计划的完成，宁可小步调推进，也不要拔苗助长。"欲速则不达"的道理，古人早就总结出来了。

3. 定时定量

如果你要看一本法律读本，要求自己"每周看四个小时"，那就是定时的方法；如果你给自己的规定是"每周看三章内容"，那就是定量的方法。定时和定量都是控制计划量的方法，应该因人而异地使用，关键是确保学习效果。如果你是一个学习自觉、效率高的人，定时的学习方法是可以选择的；如果你是一个学习效率不够高的人，定量的方法则是更好的选择，它可以保证量的完成，并刺激你提高学习效率——你是不是有时间休息和娱乐，取决于你是不是能在更短的时间内完成学习任务。当然，同学们也可以发挥聪明才智，把定时和定量的方法结合起来用。

4. 贵在执行

"今天我太累了""最新出的网络游戏'剑啸'大家都说好玩，不如我的计划就暂停，先玩会儿游戏放松放松吧""明天我会抓紧的，今天就先算了"……如果你每次都这样找一些借口来毁约，那么你就在一次又一次地证明自己是个软弱的人、向欲望低头的人，恶性循环之下你会变得越来越糟。反过来，如果你能在第一次就抵御住诱惑，不给自己任何可以毁约的借口，坚持完成计划，那么任务完成的满足感和抵抗诱惑的成就感就会油然而生。如果你一次又一次地战胜了自我，良性循环之下的你就会越来越自信和出色。

5. 适时修改

计划是事先人为制订的，所以它不可能十全十美，再加上情况随时都可能发生变化，所以对计划也应该根据实际情况作出适当的调整。同学们要做计划的支配者，而不要做计划的奴隶。但不要忘记，修改必须是确实有必要的时候才做，不能频繁，更不能以修改作为不完成计划的手段，这样计划就会失去约束力，变成毫无用处的一纸空文。

心灵训练

1. 了解自己学习的计划性

让我们来测测你的学习是否有计划性。请你阅读下列各题，如果符合你的实际情况，就在题旁打"√"；如果不符合，就打"×"；如果不确定，就打"？"。

(1)你是否经常不按时交作业？ □

(2)去上课时你是否常常忘了带书或者其他学习用具？ □

(3)平时学习新内容时，你是否常常来不及复习？ □

(4)你是否因为看电视或者上网而无法按时睡觉？ □

(5)你是否常常在临考前复习，而在平时很少复习？ □

(6)学习时，你是否从不规定好什么时间学什么？ □

(7)你是否常常因为上网或者和同学、朋友玩得过久而占用了学习的时

间？□

(8)学习时，你是否不能努力在规定的时间里完成任务？□

(9)老师布置的学习任务你是否经常忘了做？□

(10)你是否从不利用休息时间进行学习？□

(11)学习时，你是否从不考虑学习方法的优点和缺点？□

(12)你是否不能遵守自己制订的学习计划？□

(13)你是否为了学习而不能按时吃饭和睡觉？□

(14)你是否因为不能在规定的时间里努力学习，而没有愉快的心情去做其他事？□

(15)你是否常常因为没有预先准备好必需的学习用品，而临时花时间去寻找？□

评分方法：

选"√"得0分，选"×"得2分，选"?"得1分。将各题的得分相加得到总分。如果总分在0～10分之间，很遗憾，你的学习是缺乏计划的；如果总分在11～20分之间，说明你的学习计划性一般，希望你能做得更好；如果总分在21～30分之间，恭喜你！说明你的学习计划性较强，请你继续保持。

2. 小组讨论他人的学习计划

豆子是某中职学校软件技术专业的学生，毕业前一年的暑假，她给自己制订了"滚动学习程序设计四周计划"。下面列出的是豆子的学习计划：

豆子的学习计划(2008年8月11日～9月8日)

学习内容	学习时间
C++程序设计	每周一和周四的 8:30～11:30、14:30～17:30、19:00～20:00
VC++程序设计	每周二和周五的 8:30～11:30、14:30～17:30、19:00～20:00
JAVA程序设计	每周三和周六的 8:30～11:30、14:30～17:30、19:00～20:00

你认为这份计划的优点和缺点是什么？还需要完善的地方在哪里？如果豆子按照这份计划来执行，你认为最有可能的结果是什么？全班同学分为6～8人的小组，分组讨论，然后每个小组推举出一名代表，与大家分享小组的观点。

心灵拓展

回忆在这一主题中学到的东西，仔细想想它们对改善你的学习状况有什么帮助？请据此制订新的学习计划或者修改原有的计划，使它更加科学。

主题2 轻轻松松学知识

心灵故事

董林和田皓是某中职学校电子商务专业的同学，董林的性格在许多方面都与田皓很相似，可他就是有一样看不惯田皓：他花在学习上的时间和自己差不多，但成绩总是高出自己很多！想想原因，难道自己比他笨吗？平时聊天也没发现他有多聪明啊。是因为他在大家面前装模作样地不学，回到宿舍却躲在被窝里打着电筒看书？也不像，因为他性格坦率，处世磊落。那是为什么呢？董林一直想不通，却也不好意思向田皓请教。

一天晚自习的时候，他们俩同时开始背老师布置的一篇200字的短文。20分钟后田皓基本上已经可以背诵整篇文章了，错误极少。看着旁边已经从头背到尾的哥儿们，董林拍拍已似一锅粥的脑袋，心里非常不平衡。思来想去，他还是很不好意思地问了田皓有什么记忆的秘诀，结果问得田皓一愣，他自己也确实不知道是怎么回事儿。不甘心的董林暗下决心，下次田皓背书的时候，一定要好好看看他有什么高招。几天后，董林终于再次看到田皓背书了，却失望地发现：田皓不仅背书没什么奇特之处，还心不在焉！他的眼睛只有少部分时间盯着书，大部分时间看着其他地方，好像在思考什么。

带着疑惑，董林请教了心理辅导老师。心理辅导老师告诉他，田皓虽然不知道自己有什么高招，却在无意中使用了高效率的学习方法。他的眼睛离开书本的时候，不是在想其他无关的事，而是在试图回忆刚刚看到的内容。心理学研究表明，背诵时将80%的时间用于试图回忆，将达到最好的效果。

看了这哥儿俩的故事，你有什么感悟？古人早就告诉我们"工欲善其事，必先利其器""磨刀不误砍柴工"，你明白这些话所蕴含的道理吗？想想自己平时所用的学习方法，是不是省时省力？你是否想让自己的学习更加轻松呢？

_____

_____

心灵智慧

学知识就像用杠杆撬东西，如果支点摆放对了，撬东西就很轻松；如果摆错了地方，也可能比直接搬起来还费力。探索学习方法的过程，就像是在找支点。有些学习方法是心理学家总结出来的，这些支点适合大多数人，如下面所列的这些。不过，也不要忘记，你是独特的个体，要想找到最适合你的支点，除了要参考前人总结的好方法外，还要结合你自身的实际情况考虑，可不要盲目照搬哦。

1. 及时复习巩固

有的同学愿意复习最近学的知识，认为刚学的东西在头脑中还有印象，趁热打铁比较轻松；有的同学则愿意复习较早之前的知识，觉得已经忘记的才应该去复习。究竟哪一种方法更科学？请你先判断下列说法是否正确：

> **小贴士**
>
> 遗忘是匀速发生的，假如我新学了20个英语单词，在10天之后全部忘记，那我应该是每天忘掉大约两个单词。（合上书本想想，这种说法对吗？）

实际上，遗忘的发生不是我们通常理解的那样匀速，而是先快后慢的。这是因为新学习的材料在脑中建立的神经联系还不稳固，很容易衰退，及时复习可以阻止神经联系的衰退，使它们得到重新的强化。所以，上述说法是错误的。如果你在10天内忘掉了20个英语单词，那么很有可能在第一天就已经忘记了一大半。这条规律告诉我们：及时复习比延时复习更科学。正如前苏联教育家乌申斯基所言，记忆就像建筑物，不要等到快倒塌时再去修复，否则就等于重建。

2. 适当过度学习

背诵单词或课文的时候，有的同学习惯背到刚好能成诵，有的同学则要倒背如流才安心。其实背诵就像炒菜，掌握适当的火候很重要。那么，火力究竟应该调到多大，才能把要背的材料烹调得美味呢？

一份需要背诵的材料，我们记忆到刚好能背诵无误时学习程度为100％，高于这个程度叫过度学习。比如花费60分钟刚好能背诵20个单词，那么再多花半个小时就是过度学习50％。

心理学家告诉我们，过度学习50％的效率是最高的。低于此程度，知识会因为掌握得不够充分，而容易被遗忘；高于此程度，随着疲劳和厌倦的出现，学习效果并不会继续提升。

小窍门

3. 设法提高注意

●**交叉学习法**。有些同学喜欢一根筋地花大量时间来学一门课，火力相当集中，却不知道这样的学习方法很容易疲劳。采用交叉学习法可以让大脑各部分轮流休息，从而避免因某一神经组织的高度疲劳而造成的干扰性抑制。如可将文科与理科的学习相交叉，看书、写字、思考、朗读与练习相交叉等。这样能使大脑皮层始终保持在较为兴奋的状态，让你在有限的时间内获得最好的学习效果。

●**劳逸结合法**。人的注意力集中时间是有限的，因此，长时间从事某一学习活动后，不妨从窗口眺望一下远方，或者出去散散步、听听音乐再继续学习。如果学习的时间已经很长了，可以做一些喜欢的娱乐活动，下次再学。

●**加强实际操作**。操作训练离不开注意力，操作越复杂，对注意力的要求就越高。你要有意识地加强这方面的训练，如上课记笔记，阅读时做摘要，复习时编提纲，强化课堂操作练习等，这些都是增强注意力的好方法。

●**用意志力排除干扰**。这里所说的干扰包括来自外部的刺激（如噪声），也包括来自内部的刺激（如自身的情绪）。我们既要采取一定的措施排除干扰，也要用坚强的意志同一切干扰作斗争。要培养自己在有干扰的情况下进行学习的自制力。

4. 科学进行识记

识记材料的方法主要有整体识记、部分识记和综合识记等形式。整体识记是每次识记整个材料；部分识记是把材料分成几个部分，每次识记一个部分，记住这一部分后再识记另一部分；综合识记是先进行整体识记，再进行部分识记。

心理学家让一些学生分别用以上三种识记方法识记同一诗篇，这些学生的成绩如下表：

识记方式	效　　果	
	识记所需时间	20 天后再回忆平均需要被提醒的次数
整体识记	8 分钟	4 次
部分识记	16 分钟	7 次
综合识记	6 分钟	1.5 次

从这个表中我们可以看出，部分识记不如整体识记，而整体识记又不如综合识记。这是因为：部分识记一开始就把具有意义联系的材料分成几个部分，而忽略了各个部分之间的联系，妨碍了对整个材料的理解，回忆时经常发生前后衔接的困难；整体识记有助于材料的整体性理解，它的成效比部分识记要好。但是由于每次所记的材料数量较多，使得记忆的负担比较重，它的效果也不是最好的；综合识记兼有整体识记和部分识记的优点，既不妨碍我们对材料的整体把握，又使每次识记的数量比较少，故它的效果是最令人满意的。

不过，以上三种识记方式的好坏并不是绝对的。一般情况下，如果是彼此没有意义联系的材料，用部分识记较好；如果材料具有意义联系而且比较简短，则可以采用整体识记；如果具有意义联系的材料又长又难，那么综合识记才是最省时省力的。

小窍门

5. 重视理解监控

高效率的学习者在每次学习活动之前，心里会很清楚自己希望通过这次学习活动学到什么东西。也就是说，假如你是一个高效率的学习者，你会在学习之前清楚学习的目标，这个目标可能是为了理解整篇文章的中心思想，也可能是为了从中发现某个细节等。那么，在学习过程中，有什么样的策略能帮助我们更好地进行理解呢？心理学家告诉我们一些妙招：

适当变化阅读的速度，以适应不同学习材料难度的差异。对于比较容易的章节读快点，抓住作者的整体观点；对于较难的章节，则要放慢速度。

不要在看不懂某一点时硬钻牛角尖。如果某些地方实在搞不太明白，那也继续读下去。有可能对这一点的不理解并不影响你对整个材料的理解，也有可能作者会在后面对这一点进行补充说明。

当所读的某些地方不明白时，养成猜测的习惯。猜测暂时没弄明白的事物的含义，并且读下去，看看自己的猜测是否正确。

重新阅读较难的段落，尤其是当信息仿佛自相矛盾或模棱两可时。

小窍门

心灵训练

请阅读愚公移山的故事并进行评论。

古时候有两座大山，一座叫太行山，一座叫王屋山。山的北面住着一位名叫愚公的老人，老人快 90 岁了。由于被这两座大山阻隔，他每次出门都要绕很大的圈子，才能到南方去。

一天，他把全家人召集起来，说："我准备与你们一起，用毕生的精力来搬掉太行山和王屋山，修一条通向南方的大道。你们说好吗？"大家都表示赞成，但愚公的老伴提出了一个问题："我们大家的力量加起来，还不能搬移一座小山，又怎能把太行、王屋两座大山搬掉呢？再说，把那些挖出来的泥土和石块放到哪里去呢？"讨论下来大家认为，可以把挖出来的泥土和石块扔到东方的海边和北方最远的地方。第二天一早，愚公带着儿孙们开始挖山。虽然一家人每天挖不了多少，但他们还是坚持挖。直到换季的时候，才回家一次。

有个叫智叟的老人得知这件事后，特来劝愚公说："你这样做太不聪明了，凭你这有限的精力，又怎能把这两座山挖平呢？"愚公回答说："你这个人太顽固了，简直无法开导，即使我死了，还有我的儿子在这里。儿子死了，还有孙子，孙子又生儿子，儿子又生儿子。子子孙孙是没有穷尽的，而山却不会再增高，为什么挖不平呢？"

不同的人对愚公的做法有不同的看法，有人为愚公坚持不懈的精神所感动；

有人认为愚公太傻，完全有更好的办法处理这件事，而不用把子子孙孙的时间都浪费在毫无意义的移山上面；有人则觉得愚公固然精神可嘉，但处理事情的方式不够聪明，我们做事不能仅靠蛮劲，还要学会用巧劲。

1. 你同意谁的说法？或者你有什么独特的看法？请与全班同学分享。

_____

_____

2. 全班同学推举出班里学得比较轻松且成绩不错的同学，请他/她介绍一下有什么好的学习方法。如果你自己也有值得推荐的学习方法，请与大家分享。

_____

_____

心灵拓展

回想一下自己以前的学习方法，是不是有可以改善的地方？如果你觉得自己有必要改进学习方法，可以去图书室看一些介绍学习方法的书，找找看其中有没有适合你的方法，或者请教老师和成绩好的同学，请注意谦虚和礼貌哦！

主题3　掌握技能有高招

心灵故事

在 2007 年全国中职技能大赛中，西门子、丰田、三洋、亚龙科技集团等国内外知名企业，对技能型人才表现出极大的兴趣。这些公司在赛场外搭设了招聘台，抢起了人才。一些学生虽然还未毕业，但由于在比赛中表现出色，企业提前与他们达成了意向性就业协议，并开出了超过 1000 元的薪水待遇。在大赛的颁奖仪式上，部分企业还与获奖学生现场签订了用工协议，并发放聘用证书。

想一想：企业为什么越来越看重中职生的技能？假如某个中职毕业生有着

丰富的知识，而动起手来却一塌糊涂，你认为这样的毕业生容易找到工作吗？为什么？

_____

_____

_____

心灵智慧

"以服务为宗旨、以就业为导向"是我国中等职业教育教学改革的重要指针，"一年学基础、一年学技能、一年顶岗实习"的办学模式也正逐步得以实现。"要想就业，得有技能"，成了今天中职生生存和发展的普遍规律。那么，你想知道掌握一门技能的科学方法吗？请看心理学家给你支的招：

1. 观察高水平的示范

培根有句名言："知识就是力量。"但是在某些重视操作的行业中，从业人员却不一定赞同这样的说法，他们更愿意说："知识不是力量，知识转化成能力才是力量。"那么，知识如何才能转化为能力呢？前苏联教育家苏霍姆林斯基在《给教师的建议》中告诉我们一种方法："观察"不仅可以汲取知识，而且能使知识活跃起来。知识借助观察而"进入周转"，像工具在劳动中得到运用一样。心理学家的研究也表明，观察高水平的示范非常有利于技能的学习。

请你想一想，你平时是否忽略了观察的巨大魔力？学商务外语的同学有没有注意看国外的电视剧中外国人之间是如何交流的？学汽车制造与维修的同学有没有认真观察汽车修理师傅是怎样发现问题并进行维修的？学烹饪的同学有没有留心大厨们在洗、切、炒等工序中是怎样烹调出色、香、味、意、型、养俱全的美食的？如果我们在现实生活中不易找到高水平的示范者，也可借助多媒体的帮助。

2. 进行适当的练习

观察只是学习技能的第一步。如果只有观察而没有练习，技能永远只是他人的，而不可能真正成为自己的。因此，适当的练习是学习技能的重要步骤。练习的量和方式直接影响到所形成的技能的水平。

从练习的量来说，如果练习次数过少，没有把技能的要领吃透，就会很容易忘记；如果练习的次数过多，就会非常疲劳而失去兴趣。那么，要练到什么程度才最好呢？有心的同学一定记得在前一次活动中介绍过的"过度学习"，这条规律同样适用于操作技能。对大多数人来说，过度学习50％的效率最高。比如，李茗首次练习倒车入库用了1个小时达到基本掌握，那最好再多练半个小时。一个月后进行第二次练习，由于已经忘了一些操作，故练了半个小时才基本过关，那就应该再多练15分钟。

练习方式是除练习量之外影响练习效果的最重要因素。练习方式有很多种：

根据练习时间分配的不同，有集中练习与分散练习。 集中练习是指在一定时间内连续进行的练习，其间无时间间隔。分散练习是指分次进行的练习，即多次练习之间有一定的时间间隔。在这个间隔时间内，练习者可以从事别的活动或休息。例如，某年龄段的钢琴学习者，每天的适宜练习时间为1小时，若让他每天练1次，每次练1小时，这是集中练习；若让他每天练2次，每次练30分钟，或者让他每天练3次，每次练20分钟，这是分散练习。分散练习和集中练习并没有绝对的优劣之分。一般来说，对于练习写字、粉刷墙壁、验电笔操作、手锤操作等技能来说，较长时间的集中练习容易削弱动机，引起厌烦和疲劳。学习这类技能，较短时间的分散练习更加有利。而对乐曲创作、绘画、家居设计等技能来说，分散练习可能会因为间隔时间长而造成遗忘或生疏，引起思路中断，因此，对于这类活动则应安排更多的集中练习。

根据练习内容完整性的不同，有整体练习与部分练习。 整体练习是指完整地练习某种技能，如连贯地练习体操或游泳；部分练习是指对某种技能的一个个环节进行练习，如练习篮球时分别练投篮、运球等技术环节。一般来说，如果某项技能的各个动作之间联系紧密，并且该技能并不复杂，则适合采用整体练习；如果某项技能各个动作之间的联系并不十分紧密，且技能很复杂（如对身体协调能力、方向判断能力等要求很高），则适合采用部分练习。

根据练习途径的不同，有实际练习和模拟练习。 有的时候，条件不允许我们总是进行实际练习，如初学理发的人不可能总是找真人来练手，初学飞机驾驶的人不可能冒着生命危险去驾驶真正的飞机。这个时候，就需要我们用模拟练习来替代实际练习。学习理发可以利用特制的假发进行练习，学习飞机驾驶则可以在专门的模拟系统中感受和真实飞行很相似的模拟飞行。对于某些技能的培养来说，模拟练习和实际练习的结合是必要的，那种认为模拟练习是虚假的、不能提高技能水平的认识是错误的。

3. 获得明确的反馈

获得明确的反馈，是说你在完成一项操作后，到底哪些地方做得好，哪些地方需要改进，要听听专家或者高手的意见。有的同学只管练习却不听意见，但如果一开始就练错了，练习得越多，就错得越厉害。比如，有些喜欢打羽毛球的同学，一开始的时候握拍的姿势就不正确，打过很多场球之后，错误的姿势已经很难纠正了，而这极大地限制了他们球技的提高。同学们要学会寻求反馈，练习的时候多请教专家或者高手，以免走弯路。

心灵训练

1. 小活动——画出 10 厘米。

全班同学分成两人小组，相邻的同学为一组，其中一人的编号为 A，另一人的编号为 B。教师将编号为 B 的学生分成人数大致相等的两半，一半为 B1，另一半为 B2。编号为 A 的同学准备好一张白纸和一支笔，编号为 B 的同学准备好一把直尺。A 同学按照自己的感觉，在白纸上画出一条 10 厘米的直线。

如果 A 的搭档是 B1，B1 就用直尺测量他画出的线，并告诉他实际上那根线的长度是多少，并把已经画过的线遮住，让他再画新的线。这一过程不断重复，等到 A 画出第 10 条线的时候，B1 就记下这第 10 条线的长度是多少。

如果 A 的搭档是 B2，B2 则不用每次测出他画出的线有多长，只是在 A 每次画线之后，遮住他之前画过的，让他再画一条 10 厘米长的线。这一过程不断重复，等到 A 画出第 10 条线的时候，B2 就记下这第 10 条线的长度是多少。

所有 B1 和 B2 向教师报告记下的长度。教师把这些数字写到黑板上，最后分别计算出 B1 和 B2 的搭档所画的第 10 条线的平均长度。

B1 的搭档和 B2 的搭档，谁画的线更接近 10 厘米？想想这里面有什么道理？

_____

_____

2. 请同学们回答下面几个问题，以小组为单位讨论问题背后说明了什么。

(1)如果一个人学游泳，他用了很多精力去看游泳的书籍，又花费了很多时间观察他人的游泳动作。当他初次下水的时候，你猜猜他的表现会如何？

_____

_____

(2)你会发手机短信吗？如果你会，你能不看手机就很快地说出编辑你的名字需要按哪些键吗？如果你不会，问问会发短信的同学。

_____

_____

（3）你会骑自行车吗？如果你会，当不会骑的人来请教你怎么骑的时候，你会怎么告诉他呢？如果你不会，问问会骑车的同学应该怎么学。

_____

_____

_____

心灵拓展

找出一张白纸，想想自己以前在学习技能的时候有哪些地方做得不够科学。把这些有待改进的地方列在白纸的左边，然后思考应该如何改进，并把具体的行动意见和方法列在白纸的右边。可不是写写而已，一定要行动哦！

主题4　实践出真知

心灵故事

下面是一则摘自《宝钢日报》的新闻：

RH真空精炼装置是宝钢自主知识产权的"拳头产品"。在这一产品的研发过程中，曾留下工程技术公司青年工程师吴坚华的奋斗足迹。在这项关键技术研发之初，吴坚华在攻关团队中担当"突击手"角色。

长期以来，日本和德国一直在RH关键技术上居垄断地位。为打破这一垄断，尽快研发出宝钢自己的RH真空精炼核心技术，吴坚华满腔热情投入到梅钢、不锈钢分公司、宝钢分公司、曹妃甸等10多套RH精炼项目中，在每一套RH装置的设计中，吴坚华都呕心沥血，在艰难的实践中，向RH核心技术步步逼近。经过不断努力，吴坚华终于完成了RH精炼装置关键设备——顶枪和预热枪的结构设计。紧接着，他又反复修正，成功研发具有宝钢特色的真空精炼顶吹加热枪和多功能枪技术。由此，国内这两项RH核心技术长期依靠进口的历史画上了句号。实现国产化后的每套RH精炼装置，可节省600万元人民币，仅以罗泾工程和宝钢分公司等6套项目为例，就可省下3600万元的投资。

想一想：假如吴坚华工程师并不投身实践，而是在头脑中空想，RH核心技术能研发成功吗？作为中职生的我们，将接受普高生经历不到的实习实训教学环节，在这个蕴含着巨大学习机会的"馅饼"面前，你是会坚决地咬下去还是故作清高呢？

_____

_____

_____

心灵智慧

有人说，知识如果脱离了活生生的现实，充其量也就是头脑中的一堆符号而已。还有人补充说，很多基础性的知识没办法一眼看穿它们和实践的联系，这就是很多学生抱怨学习数学、物理、化学等科目没用的原因。但是书到用时方恨少，平时如果不积累基础性的知识，学到的技术就是"空有招式、并无内涵"。综合以上两点意见，作为中职生，我们应该对基础知识和实践能力"两手抓"。对于能够紧密联系实践的、应用性较强的知识或者技能，要通过实践来掌握。

1. 为什么说实践出真知？

对于"为什么要在实践中学习"的问题，许多同学都有自己的看法，他们认为实践能"增强动手能力""更加贴近生活""学到的东西更不容易忘"等。这些同学的答案都没错，但也都不够明确。当我们知道为什么要做一件事的时候，才能更好地做这件事。因此，让我们一起来探讨"为什么要在实践中学习"这一问题。

实践是学习的最终目的

对护理专业的同学来说，中职阶段学习的目的是掌握护理学基础知识吗？是知道如何扎针、如何换输液瓶、如何配药水这些孤立的技能吗？不是！是为了能很好地护理病人。对商务外语专业的同学来说，中职阶段学习的目的是掌握商务英语的语法、记住大量的英语日常会话词汇或者听懂 CNN 的广播吗？不是！是为了能在商务活动中与外国人良好地沟通。所以，我们不能满足于学习纸上的知识和孤立的技能，要在实践中串起这些知识和技能，让这些"死"的知识和技能在实践中"鲜活"起来。

实践能提高我们解决问题的能力

对于应用性较强的知识和技能，我们需要经过实践才能深入地理解和掌握。同学们想想：假如有美容美发与形象设计专业的 A 同学和 B 同学站在你面前，你需要选择其中的一位给自己理发。A 同学说他取得了人物形象设计、发型设计等课程的高分，并且观摩师傅给他人理发 200 次，但从来没给他人理过发；B 同学说他曾经亲自动手给顾客理发 100 次。请问，你会选择谁作为你的理发师呢？大多数同学会选择 B。为什么呢？因为我们知道，经过一定程度实践锻炼的人，不是空口说白话的人，而是解决问题的人。

实践能修正、加深我们对知识的理解

同学们是否有这种感觉：在做一件事的时候，脑中关于这件事的灰白的知识突然变得鲜亮起来。举例来说，一个北京的新手厨师，做的菜总得不到四川籍顾客的好评，厨师常常反省自己的技术哪里有不到位的地方，但总是觉得自己在色香味方面都已经做得非常好了，用料也完全符合菜谱的要求。有一天，厨师失手多放了一些辣椒和花椒，做出来的菜却被四川顾客大加赞扬，说菜中蕴含着家乡的味道。厨师于是恍然大悟，脑中出现以前课本上的语句："一个好的厨师，不仅仅要做出色香味俱全的菜，还要了解顾客的文化背景，并将这种文化融入到菜品当中。"从那以后，这位厨师深刻地理解了"食无定味，适口者珍"的含义。除此之外，实践还能帮我们修正之前对知识的误解。经过实践筛查的知识，才是牢固的、可信任的知识。

2. 如何通过实践出真知？

实践的方式无疑是多种多样的，如果你在投身实践之前就对"如何实践"心中有数，将会大大增加实践带给你的收获。在讨论这个问题之前，我们需要想想，中职生需要怎样的实践？

在应用情境中学习，逐渐脱离教学的"支架"

有利于出真知的学习，要求在真实的情境中解决真实的问题，或者在高度模拟真实情境的虚拟情境中解决问题。我们需要成为"参与者"而不仅仅是被动的"观察者"。刚开始的时候，参与性可能并不是很强，但随着实践能力的不断提高，我们在活动中的参与程度也不断提高。举例来说，学习机动车驾驶不能仅仅在车外观看，也不能仅仅坐在车的后座上感受，而需要坐到副驾驶座上，在师傅的指导下参与到驾驶活动中。当技术熟练一些后再亲自驾驶，并请师傅在副驾驶座上继续指导。当技术非常熟练并取得驾驶执照后，则可以单独驾驶而不需要师傅在场了。从这个例子，我们可以看到在应用情境中学习的重要性，而师傅的指导则是本例中的"支架"。

采用小组的形式进行解决问题的学习

一个人的知识和思考问题的角度毕竟相当有限，小组学习的优势就在于能在集思广益中整合彼此的知识、在思维的碰撞中拓宽看问题的视野。一般而言，以解决问题为目的的小组学习包含以下过程：

● 学习者以小组为单位，开始解决一个实际问题。

● 为了解决这个问题，学习者分头查找资料获取知识，然后相互交流所获得的知识，并讨论如何用所获得的知识来促进问题的解决。

● 在讨论的过程中，如果小组发现还需要研究另外一些新的问题，学习者就需要再次分头查找资料、小组交流并讨论问题，直到问题得到解决。

● 问题解决后，学习者对自己的学习过程进行自我反思和评价，总结所获得的知识和思维技能。

心灵训练

1. 谈谈你对"纸上得来终觉浅，绝知此事要躬行"的理解。

_____

_____

_____

2. 结合你的专业，思考如何在实践中学习。全班同学分成 6～8 人的小组，分组讨论 5 分钟，然后每个小组推举一名代表，向全班同学陈述本小组的观点。

_____

_____

_____

3. 读"马谡失街亭"的故事片段，回答故事后的问题：

三国时期，诸葛亮和司马懿各自带兵争夺一个名叫街亭的地方。诸葛亮手下有个名叫马谡的人，自幼熟读兵书，认为自己打仗的本事很强，主动要求去守街亭。马谡和副将王平到达街亭后，王平根据他多年跟随诸葛亮临阵的经验，建议在道路中间安营扎寨，马谡却坚持要在山上屯兵。王平认为如果在山上屯兵，对方就会断绝本方军队去山上取水的道路，出现军士不战自乱的局面。马谡却以兵书中说"凭高视下，势如破竹""置之死地而后生"为由，否决王平的正确建议，结果造成街亭失守，己方伤亡惨重。

请问是兵书中说的"凭高视下，势如破竹""置之死地而后生"错了，还是马谡对这些知识的理解错了？读完这个故事，你有什么感悟？

_____

_____

_____

心灵拓展

1. 收集古今中外揭示实践的重要性的名言，并以这些名言来勉励自己。

示例：行动是老子，知识是儿子，创造是孙子。——陶行知

有知识的人不实践，等于一只蜜蜂不酿蜜。——（波斯）萨迪

学之之博，未若知之之要；知之之要，未若行之之实。——（清）李光地

2. 仔细想想自己有哪些潜在的实践机会，列出一张名叫"我的实践机会"的清单，抓住适当的机会为自己创造实践的条件。

第 **9** 单元

坚实的脚步——职业生涯规划

主题1 我的生涯角色

心灵故事

湖南省新宁县新宁一中高三 238 班学生姚述健，家住湖南新宁县白马田乡赤塔村，父母都是农民，以种田为生。他有两个姐姐，二姐出生不久不慎跌入火中，右脚留下残疾。妈妈自生下他以后，就患上了风湿病，手脚严重变形，在姚述健 11 岁那年，母亲不慎一跤跌倒，摔断了股骨，只能靠挂着拐杖勉强行走，基本丧失了生活自理能力。

2004 年 12 月 5 日，这对正在读高二的姚述健来说是个伤心欲绝的日子。这天，父亲因积劳成疾，突发高血压、脑中风而离开了人世。父亲走了，家中的顶梁柱倒了，这一灾难性的打击几乎摧垮了这个家庭。"爸爸走了，妈妈孤零零的一个人，谁来照顾？残疾的姐姐要是完不成学业，她以后怎样生存？"他动了辍学的念头。但是，当他回到学校时，看着那"2 元、5 元……"的捐款名单，面对老师和同学们鼓励的眼神，这个坚强的小伙子擦干了眼泪，他决心用稚嫩的双肩撑起这个家。于是他作出了一个大胆的决定，租一间房子，带着母亲上学。

他在离学校不远的地方租了一间约 10 平方米的屋子，屋内摆了两张床、一个小茶几，一个煤灶摆在走廊上。姚述健每天给母亲准备好简单的早餐后便来到学校上早自习。早餐时间和中餐时间都在食堂打工，以换取自己的早餐和中餐。放学后，他又急急忙忙去买菜，然后回家做饭服侍母亲，且每天晚上还要为母亲准备好第二天中餐的饭菜。吃了晚饭后再去学校上晚自习，下自习后回家他还要坚持看一个小时的书。他就这样每天奔波在学校和租住房之间。

谈到将来，姚述健说："无论如何，我一定要完成大学学业，将来回报社会。我也绝不会让母亲一个人无人照顾，或许我还要背着她一起上大学。"说这话时，他的语气是那般坚定。

——摘自《邵阳日报》

心灵智慧

姚述健同学是善良、坚强的，他勇于承担命运安排给他的种种非常规的任务，勇于承担独特的人生角色。

从姚述健的生活中，我们大致可以看到人生的三个基本主题：学习、工作和家庭，以及这三个主题所对应的不同人生角色。我们每个人一生都要完成一些特定的任务，这些特定的任务分别由不同的角色来承担。如当我们学习的时候，我们的角色就是学生；当我们工作的时候，我们的角色就是工作者；当我们开始承担家庭的责任时，我们的角色就是家庭成员。除了这几类角色外，我们还有其他一些角色。如作为休闲者的自己，承担了那些让自己放松、享受的活动；作为公民的自己，要履行维护社会公众利益的职责等。每个人在生活中所承担的角色以及他所经历的人生发展阶段，就构成了一个人的生涯；每个人在工作中担当的职业角色以及所经历的职业发展阶段，构成了一个人的职业生涯。由此可见，一个人的生涯是包括职业生涯在内的个体全面发展历程，职业生涯是其中最重要的组成部分。

1. 人的生涯角色

研究生涯发展的学者舒伯认为，大多数人在一生中都扮演了九种主要的角色，依次是子女、学生、休闲者、公民、工作者、夫妻、家长、父母和退休者。其中，子女、夫妻、家长和父母是关系角色，即这些角色是由于和某些特定的人物的关系而存在的，一旦这些人物不在了，这个角色也就没有了。关系角色中还可以有朋友，对有些人来说，朋友角色的重要性甚至要超过某些家庭角色。学生、公民、工作者和休闲者可以称为活动角色，即这些角色是由于从事某些活动而存在的。

个体的生涯发展在某种程度上就是各种人生角色的组合与发展。在人生的最初几年，"子女"是每个个体唯一的角色，父母是孩子生活的全部，这一阶段的角色要求就是生存下来并健康地成长。从上学以后，子女角色的比重开始降低，与父母的交流互动减少，在离家上学或者因为工作从父母家搬出去以后，在父母关系方面的投入降到最低。随着父母年龄的增长，身体的衰老和疾病的侵扰，在40～50岁时，子女角色在生活中的比重又开始增加，个体可能需要为这个角色付出更多的身心和经济资源。这是大多数人的规律，但并不是所有人都是这样，比如姚述健。在他读高中的时候，本应将绝大部分时间用于学生角色(学习),但生活却要他在此时承担更多的家庭角色以及由此而来的工作者角色(打工、照顾母亲),这就使得他的生涯发展与一般人有很大的不同。

"学生"角色有很大的个体差异,有些人初中毕业就不再上学了,而有些人则会一直读完博士。"学生"阶段结束后,就进入了"工作者"角色,这是一个人一生中最重要的角色之一。人们选择何种工作,在这份工作中期望达成什么目标,是一个人一生中最为独特的组成部分。工作,不仅仅是一个人挣钱养家糊口的工具,是建立人际关系、赢得尊严和地位的平台,还是一个人内在自我特点的外显,是一个人表达自己的独特个性、能力和天赋的途径,是一个人实现自我价值和落实自我价值观的方式。每个人通过付出自己的劳动与外在世界建立一种彼此满足的关系,这种关系就是"工作"。在知识爆炸的年代,每个人都需要有终身学习的意识和能力,来不断提高自己的工作水平,这实际上是对"工作者"角色和"学生"角色的共同要求,在做学生的时候要考虑工作,在工作的时候要不断学习。

"夫妻""家长"和"父母"角色也是人生中最重要的角色。很多人,尤其是女性,认为这些家庭角色甚至比工作者角色更为重要。先谈恋爱后结婚,然后为人父母,是这些角色的内在要求,但打算在多大的年龄时成为"夫"或者"妻",在多大年龄时生育孩子或者根本不选择这些角色,都是需要个体进行规划的生涯内容。

"休闲者"是所有人都会扮演的角色,却是很多人扮演不好的角色。每个人都会选择属于自己的休闲方式,让自己在活动中有愉悦的感受,但并不是每种休闲方式都是积极和健康的。很多人常常忽视这个角色的重要性,殊不知它是个体身心健康、工作和家庭平衡的重要保障。当然,也有些人太过重视这个角色,而偏废了其他角色的要求。

是否选择某些角色,在所选择的角色上准备实现何种目标,构成了个体生涯发展和规划的基本内容。

2. 职业发展阶段

舒伯还把人生的职业发展历程,即工作者角色历程,分成了五个阶段:成长期(0~14岁)、探索期(15~24岁)、建立期(25~44岁)、维持期(45~64岁)和退休期(65岁以后)。不同阶段有不同的发展任务,社会期待每个人在其适当的年龄里完成所对应的职业发展任务。

成长期。14岁以下的儿童不可能对未来的职业世界形成稳定和明确的目标,想象或者幻想是这一阶段的主要特征。在10岁以前,电视节目、游戏、书籍中的职业或游戏角色，常常是儿童们职业想象的来源。随着年龄的增长，儿童的兴趣和能力开始成为他们考虑未来职业的依据。但整体来说，想象的成分依然占据主导地位。

探索期。初中毕业后的十年期间里，个体都处在自我试探、角色摸索、尝试工作的过程中。每个人都需要考虑自己的兴趣、能力、机会、资源、责任等，以明确自己未来的职业领域和工作层次。中等职业学校的同学们大都处在这个阶段的开始。因此，一方面需要认真学习专业课程，掌握专业要求的各项技能；另一方面，也要根据自己的兴趣、爱好、特长进行多方面的尝试，以更好地了解自己，为将来作出正确的发展选择积累经验。具体来说，对于中职的同学，需要从多个方面去了解自己未来发展的可能性，多接触不同行业、不同领域的工作者，即便在同一家工作单位，也要尝试去了解其中不同工作岗位的特点，看看哪些类型的工作、哪种环境下的职业更适合自己。这就是探索阶段最重要的特点。

建立期。25岁以后，每个人对于自己应当做什么已经基本明确下来了，因此，在确定的职业领域中逐步建立稳固的地位，成为这一人生阶段的发展任务。在接下来的20年里，人们在选定的领域中，努力工作与创新，在职业上逐渐达到人生的最高峰。

维持期。45岁后，一般情况下，人们会逐渐减少创意的表现，全力巩固现有的成就与地位，接受自己的限制与不足。在此阶段的后期，人们会逐渐减少在具体工作上的投入，而将部分精力转向指导晚辈方面。

退休期。65岁以后，人们需要调整身心，从工作状态下解脱出来，发展适合自己的休闲方式，形成符合自己特点的晚年生活模式。

对于中职的同学来说，要充分了解自己目前的任务和职业发展特点，需要从所承担的生活角色和目前所处的职业发展阶段两方面来确认。

心灵训练

1. 目前我所担当的生涯角色

(1)写出你目前所承担的各种角色，如学生、班长、女儿、哥哥、妹妹、舞蹈协会会员等。

(2)用饼图的形式来描绘你在各个角色上投入时间的情况，比如：

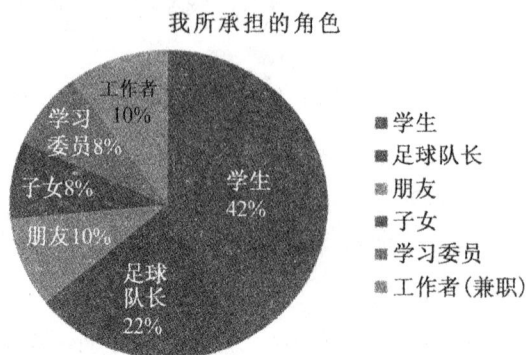

我所承担的角色

- 学生
- 足球队长
- 朋友
- 子女
- 学习委员
- 工作者(兼职)

(3)与周围的同学讨论，你最重视的角色是哪一个？投入最多的是哪一个？为什么？

最重视的角色：＿＿＿＿＿＿＿＿＿＿＿＿＿＿＿

投入最多的角色：＿＿＿＿＿＿＿＿＿＿＿＿＿＿＿

2. 十年后我将担当的生涯角色

(1)写出你希望自己十年后承担的角色，如丈夫、妻子、教师、工程师、经理、儿子、女儿等。

＿＿＿＿＿＿＿＿＿＿＿＿＿＿＿＿＿＿＿＿＿＿＿＿＿＿＿

＿＿＿＿＿＿＿＿＿＿＿＿＿＿＿＿＿＿＿＿＿＿＿＿＿＿＿

＿＿＿＿＿＿＿＿＿＿＿＿＿＿＿＿＿＿＿＿＿＿＿＿＿＿＿

(2)选择三个最重要的角色，写出你渴望在这三个角色上达到的成就。

重要角色1：＿＿＿＿＿渴望的成就：＿＿＿＿＿＿＿＿＿

重要角色2：＿＿＿＿＿渴望的成就：＿＿＿＿＿＿＿＿＿

重要角色3：＿＿＿＿＿渴望的成就：＿＿＿＿＿＿＿＿＿

(3)与小组同学分享你的规划。

心灵拓展

选择自己最感兴趣的职业，尝试进行职业规划：

1. 看一本介绍这个职业的书籍。

2. 思考自己希望在这个职业上取得什么样的成就，在不同的年龄段上分别承担什么角色和任务。

主题2 探索职业自我

心灵故事

今年36岁的王亮，是大连重工起重集团负责电气安装调试的高级技师。他个头不高，但有一股东北人永不服输的犟劲。王亮从小就对电气知识有浓厚的兴趣，本想上大学学电气专业，做一名电气工程师，然而因几分之差高考落榜了。他不想再增加父母的经济负担，便插班走进大连重工集团职业中等专科学校学习电工，发誓即使成不了电气工程师，也要成为一名有出息的工人。他毕业分配到大连重工安装公司，当上了安装调试的电工。在艰苦的环境里他坚定学习的信念，结合工作中遇到的难题，刻苦钻研现代电气专业知识。同时，为了提高自己，十几年来，他坚持自学外语。如今，他在工作中不仅能够看懂有关专业的英文技术资料，还能直接同外国专家进行技术交流。

1993年，大连重工亏损额达2900多万元。为了走出困境，企业开发研制了技术先进的全国第一套C型翻车机。当时担任这个大型项目的一位主任，由于担心企业效益不好临阵跳槽了。关键时刻，公司领导让王亮顶替空缺，急忙赶赴石家庄工地。23岁的王亮第一次担当重任。为了尽快解决工作中遇到的一个个难题，在寒气逼人的季节，王亮索性将行李搬进了配电室，买了几箱方便面，一干就是3个半月，本来就瘦小的身体又掉了8斤肉。这套他参与设计和调试成功的C型翻车机填补了国内空白，先后获得国家机械工业科技进步一等奖、国家科技进步三等奖。大连重工生产记录显示：10多年来，这个产品每年订货生产批量达30多台，每台价值1500多万元。

2000～2001年，天津南疆港一项跨年度的重大工程摆在了王亮的面前，这是与英方专家合作安装调试两套大型双车翻车机卸车线。在调试中，遇到了意想不到的"拦路虎"。一线翻车机调试时，货车车辆脱轨，这是设备运转中最致命、最危险的错误。英方专家先后紧急从本国调来两名技术设计人员介入调试，无果；又从中国技术代理商处调来两名技术专家参与攻关，20多天过去了，问题还是没有解决。大任再次降临。王亮没有退缩，如剥茧抽丝，终于在连续观测40多小时的一个瞬间，捕捉到英方软件设计程序扫描与结果输出不匹配的严重失误。王亮自信地走上调试操作台，10分钟后，这个困扰工程进度近一个月的难题迎刃而解。英方在中国的工程负责人主动找到王亮说："天津港翻车机的安装调试工期和质量创造了本公司在世界各地的最好记录。公司决定聘请你为东南亚地区电气调试总负责人，年薪 20 万元，合同首签 4 年。"王亮笑笑，拒绝了。

16 年来，王亮以强烈的主人翁责任感，从一名职高学历的普通电工，成长为全国同行业著名的电气调试能手。大连重工起重集团的用户把聘请王亮安装调试设备，作为选购该厂设备的前提条件；外国专家安排先进设备调试时间得服从王亮的时间表，并想方设法花高价要把他挖走；他带的 10 多个徒弟都是大学本科毕业生，创造设计的调试软件令专家学者惊叹为"神奇"……王亮以骄人的成绩先后获得全国"五一"劳动奖章和全国劳动模范称号等。

"当代技术装备结构的核心，必然有一个支撑和联结整个装备的钢梁铁骨，它是每一架钢铁设备中压不垮折不弯的脊梁。像王亮这样高素质、高技能的当代工人，就是企业的钢梁铁骨，是企业的宝贝疙瘩！"大连重工起重集团董事长宋甲晶这样评价王亮。

——摘自《人民网·大连视窗》

王亮从一名中职毕业生，经过 16 年的努力，成为大型国有企业的顶梁柱、全国劳动模范，你觉得使他在工作中获得巨大成功的因素有哪些？其中哪些是他个人的内在因素，哪些是外在环境因素？

王亮成功的内在因素：_____

_____

_____

王亮成功的外在因素：_____

_____

_____

如果你是王亮，你会接受英国公司的聘请吗？为什么？

_____

_____

_____

心灵智慧

影响一个人职业发展的因素既有内在的，也有外在的，将内在因素和外在因素很好地协调搭配在一起，才是成功的关键。其中，兴趣、能力、性格与价值观等内在因素，构成了一个人职业素质的基本结构。在这里，我们重点探索职业兴趣和职业价值观。

1. 探索自己的职业兴趣类型

爱因斯坦说过,兴趣是最好的老师。什么是兴趣呢?兴趣是能唤起人们的注意、好奇并吸引人们投入的事情,人们在从事这些事情的过程中有愉悦和满足感。从王亮的发展经历中,我们可以看到他从小就对电气设计很感兴趣,这种兴趣使得他能够忘我地投入到电气设计、调试的钻研中去,使得他有力量克服外在环境的艰难,并推动他学习专业外语以提高自己的专业技能。我们可以推断,王亮在学习专业的过程中,在解决各种复杂、富有挑战性的难题的过程中,一定能够体验到充足的愉悦感和满足感。

有的同学可能会说,我只有在放松的时候,比如看电视、与人闲聊的过程中,才有快乐的感觉,这算不算兴趣呢?对此,一位心理学家曾说过:"人们感到最为愉快和满足,不是在很放松、什么事也不做(如看电视)的时候,而是专心致志、积极参与某项活动,以至于忘记了时空和自己的时候。这时,人们没有考虑事情的回报也不担心自己的表现,只是忘情投入,享受过程中的快乐。这种活动通常对我们的体力或智能有一定的挑战。"他的意思是,我们在做自己不喜欢的事情的时候,不可能有愉快和满足的体验,但不做事情或者做身心参与程度很低的事情时,也不可能有特别愉快和满足的体验;人们只有在全身心地投入做某件事情时,才可能有最为愉快和满足的体验。

因此,了解自己的兴趣特点,然后尽可能去做自己喜欢做的事情,就能从中体验到喜悦和满足,这种美好的感觉就能推动我们坚持做下去,而且比较容易做出成绩。那么,我们该如何了解自己的兴趣呢?

职业生涯研究专家霍兰德经过大量观察研究,提出了六种职业兴趣,并系统研究了它们的特点。这六种职业兴趣分别是:R(实际型)、I(研究型)、A(艺术型)、S(社会型)、E(企业型)、C(传统型),它们之间的关系可以用如下图所示的六边形来表示,也简称为 RIASEC 模型。

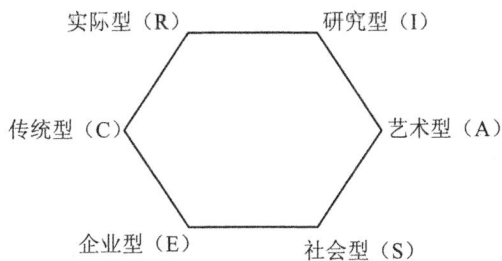

实际型(R 型)

典型特点是顺从、坦率、谦虚、自然、实际、内向、稳健、节俭、勤劳。有操作机械的能力,喜欢做与机械、工具、动物和植物有关的工作。重视具体的事物和明确的关系，如收入、权力、地位等。缺乏人际关系方面的能力。典型职业有：机械师、电器师、驾驶员、农牧民、各类技工等。

研究型（I 型）

典型特点是谨慎、批评、好奇、独立、聪明、精确、理性、内向。有数理能力和科研精神，喜欢观察、学习、分析、思考和解决问题，是很客观的科学家。喜欢研究性质的情境和职业，缺乏领导和影响他人的能力，避免领导情境。典型职业有：物理学家、化学家、数学家等。

艺术型（A 型）

典型特点是复杂、想象能力强、冲动、独立、直觉、无秩序、情绪化、理想化、不顺从、有创意、不实际。富有表达力和创造性。喜欢艺术性质的职业和情境，避免传统性质的职业。典型职业：诗人、画家、音乐创作者、作家、导演、演员等。

社会型（S 型）

典型特点是合作、友善、慷慨、助人、仁慈、负责、圆滑、善社交、善解人意、理想主义、富洞察力。喜欢社会性的职业和情境，避免实际型的职业。喜欢帮助和了解他人，有教导他人的能力，缺乏机械与科研能力。重视社会与伦理的活动与问题。典型职业：教师、咨询辅导员、护理人员等。

企业型（E 型）

典型特点是冒险、有野心、独断、冲动、乐观、自信、追求地位和知名度、享乐、精力充沛、善社交。喜欢企业性质的职业和情境，避免研究型的职业。自觉有冲劲、自信、有领导和语言能力。重视政治与经济上的成就。典型职业：推销员、企业经理、政治家等。

传统型（C 型）

典型特点是顺从、谨慎、保守、自抑、服从、有规律、坚毅、实际、稳重、有效率，缺乏想象力。喜欢传统性质的职业和情境，避免艺术性质的职业。有较强的文书、数字能力，过有规律的生活。重视商业和经济上的成就。典型职业：文秘、银行助理、行政助理、会计员、出纳等。

对照上述各个类别的描述，你觉得自己属于哪个类型呢？有些同学说，社会型好像很符合我的情况，但研究型也有一部分很像，企业型也符合一点儿，那么我应该属于哪种呢？根据霍兰德的理论，这六种类型的描述都是非常理想化的，每个人都是六种类型的混合体，只是其中某一种或两种比较突出而已。

2. 探索自我的工作价值观

王亮为什么要拒绝英国公司提供的 20 万年薪、东南亚地区电气调试总负责人职位？为什么在他看来这个职位不比他目前的职位更有价值？这样的价值观对于个人的成长和发展有什么样的作用呢？要回答这个问题，首先要明白什么是价值观。

价值观是一个人对于什么事物比其他事物更有价值、更值得自己去得到的一系列观念。比如，很多同学认为财富是很有价值的，没错，但财富是最有价值的吗？钱，如果不用它来交换比它更有价值的东西，那么钱就一点意义都没有了。钱是购买力，只有在购买的过程中才有价值。因此，我们说花钱是一个人价值观的体现——他认为买回来的东西比钱更有价值。不同的人有不同的价值观，就好比有人会为了自由抛弃爱情甚至生命，但有些人绝对不会这样做；有的人为了工作会牺牲自己的家庭时间，但有的人会减少工作时间来增加和家人相处的时光。因此，什么是值得的，什么是不值得的，就构成了我们的价值观。价值观会指导我们在面临选择时作出符合价值观的抉择，尤其是在选择职业时。

与职业生涯发展密切相关的价值观叫工作价值观。马丁·凯兹定义了10种与工作有关的价值观，下面给出了这10种价值观以及凯兹对它们的定义。你可以在阅读过程中，对照自己的情况，想想自己的工作价值观是什么。

●高收入。高收入意味着超出温饱的高品质生活，意味着除了基本的生活支出外，还有可以随意支配的钱。你可以用它来买奢侈品，旅行时坐头等舱。

●高声望。人们知道你、敬重你、景仰你，听从你的意见或在公共事务上寻求你的看法。

●独立性。更多自己作决定的自由，而不需要监督或听从他人的指导。有才能的自由艺术家或作家，可以不需要任何指导的工作。而在军队服务机构或大规模的商业公司，严格限制个人作任何决定。

●帮助他人。意味着愿意把帮助他人作为你主要的职业，而不仅仅是在工作之余给他人提供方便或捐钱给慈善机构等。进一步说，你是否愿意付出毕生的努力来促进人们的健康、教育和福利？

●稳定性。即使社会不景气，你也不用害怕失去你的工作和收入；即便技术飞速发展，你也不会很轻易地被解雇。

●多样性。意味着工作内容很丰富，有不同种类的活动和挑战，不断变更的场所，结识新人。

●领导性。有权力和能力去指导他人，告诉他们怎么做，并评价他们的工作。他们常常渴望控制事情，希望通过影响人们而使团队工作有效率。

●有兴趣。坚持自己的职业必须是自己最感兴趣的领域，而不重视兴趣的人则不要求到感兴趣的领域中工作，他们喜欢把兴趣作为业余爱好。

●安逸性。在工作之余有大量闲暇的时间，很长的假期或者自由选择休息的时间。工作不能影响个人的休闲生活及规划。

●尽早工作。早点儿工作对你来说有多重要？有些职业只需要很少的教育或训练，而另一些则需要长时间昂贵的教育。你希望省下这些时间或支付高等教育的费用吗？

上述工作价值是我们可能从工作中所获得的东西，很显然，有些是互相冲突的。比如高收入和稳定性可能是有些冲突的，很多高收入的职业其稳定性都不高；领导性和安逸性可能是冲突的，当领导要考虑很多事情，留给自己休闲的时间可能很少等。上述这些价值项是西方人的，我国社会中还有一些是这里面没有包括的，比如人际关系等。

心灵训练

1. 职业兴趣测验

下面列举了一些十分具体的活动。这些活动无所谓好坏，如果你喜欢去参加(包括过去、现在或将来)，就请在"是"一栏的方框内画"√"。注意，答题时不必考虑你过去是否干过以及是否擅长这种活动，只根据你是否喜欢作出判断。请做完所有题目。

你喜欢做下列事情吗？					
R型	是	否	I型	是	否
1. 装配修理电器			1. 阅读科技书报杂志		
2. 维修自行车、摩托车			2. 做实验		
3. 开汽车或摩托车			3. 科研活动或自己设定一个问题进行研究		
4. 用木头做东西，如盒子、简易书架			4. 设计制作飞机、舰船模型		
5. 修理或者安装计算机			5. 猜谜、做数字游戏或文字游戏		
6. 学习汉字输入法			6. 阅读某专业的论文		
7. 日常用品有小毛病自己修理，如手电、眼镜、收录机			7. 解数学难题		
8. 制作或者修理家具			8. 解一盘棋局		
9. 选配制作家庭音响影院系统			9. 读侦探小说或悬念小说		
10. 上工艺制作课			10. 上数学、几何课		
11. 开机器或使用家庭工具、机械			11. 上物理课		
"是"一栏打"√"的总数			"是"一栏打"√"的总数		

续表

A 型	是	否	S 型	是	否
1. 素描、制图或绘画			1. 给同学和亲友写信、电子邮件		
2. 表演戏剧、小品、相声或音乐节目			2. 参加学校或班级组织的各种活动		
3. 设计家具或家庭居室装饰设计			3. 组建或者加入某社团、俱乐部		
4. 参加文艺演出			4. 帮助他人解决困难		
5. 演奏乐器、参加合唱团			5. 照料儿童		
6. 阅读小说、散文、诗歌等			6. 参加婚礼、生日宴会等活动		
7. 参加绘画、音乐等培训班			7. 结识新朋友		
8. 从事摄影创作			8. 参加讨论会或辩论会		
9. 读电影、电视剧本			9. 看运动会或参加体育比赛		
10. 做陶艺、泥塑			10. 探亲访友、与人来往		
11. 练习书法			11. 阅读人际交往方面的书刊		
"是"一栏打"√"的总数			"是"一栏打"√"的总数		
E 型	是	否	C 型	是	否
1. 对他人做劝说工作			1. 保持桌子和房间整洁		
2. 买东西砍价或推销产品			2. 抄写文章或信件、校对稿件		
3. 谈论政治、参与组织活动			3. 为领导起草报告或写公务信函		
4. 从事个体或独立的经营活动			4. 用笔、计算器和计算机计算数据		
5. 出席正式会议、发表个人意见			5. 核查班费的收支情况		
6. 面对很多人演讲			6. 整理文件、报告、记录并分类归档		
7. 在社会团体中担任一定职务			7. 记流水账或备忘录		
8. 检查与评价他人的工作			8. 上打字课或学速记法		
9. 进行谈判			9. 参加文秘、财会等实用技能培训		
10. 带领若干人去完成某项任务			10. 使用复印机、传真机等办公设备		
11. 领导他人			11. 写商业贸易信函		
"是"一栏打"√"的总数			"是"一栏打"√"的总数		

下面列举了许多种职业，对这些职业的基本情况你或多或少都已有所了解，并在此基础上形成了自己的评价态度。如果你对某项职业喜欢的话，请在"是"一栏中打"√"，如果不喜欢，则请在"否"一栏中打"√"。

R 型	是	否	I 型	是	否
1. 飞行机械师			1. 气象学研究人员		
2. 野生动物专家			2. 生理学、医学研究人员		
3. 自动化技师			3. 天文学研究人员		
4. 精密仪器装配工			4. 药品研究人员		
5. 钳工			5. 法医、侦探		
6. 电工			6. 发明家		
7. 园艺师			7. 科学杂志审稿人		
8. 长途汽车司机			8. 数学研究人员		
9. 火车司机			9. 物理学研究人员		
10. 机械、仪表工程师			10. 软件编程人员		
11. 测绘工程师			11. 哲学家		
"是"一栏打"√"的总数			"是"一栏打"√"的总数		

A 型	是	否	S 型	是	否
1. 诗人			1. 街道、工会或妇联负责人		
2. 文艺评论家			2. 中学班主任		
3. 作家			3. 青少年问题专家		
4. 时装设计师			4. 慈善机构工作人员		
5. 歌唱家或歌手			5. 心理咨询师		
6. 作曲家			6. 精神科医生		
7. 舞蹈教师			7. 职业介绍所工作人员		
8. 画家			8. 导游		
9. 相声、小品演员			9. 青年团干部		
10. 乐团指挥			10. 社会工作者		
11. 影视演员			11. 婚姻介绍所红娘		
"是"一栏打"√"的总数			"是"一栏打"√"的总数		

E 型	是	否	C 型	是	否
1. 厂长、经理			1. 水文、气象测量员		
2. 推销员			2. 会计		
3. 公司驻外机构负责人			3. 银行营业员		
4. 学校校长			4. 法庭书记员		
5. 部门经理			5. 人口普查登记员		
6. 律师或法官			6. 成本核算员		
7. 影视制片人			7. 化验员		
8. 县长、市长			8. 出版社编辑、校对员		
9. 风险投资公司的业务经理			9. 出纳		
10. 服装批发商、代理商			10. 办公室秘书		
11. 企业管理咨询人员			11. 产品质量检验员		
"是"一栏打"√"的总数			"是"一栏打"√"的总数		

请把这两部分中同一类型的两个分数相加。比如，在喜欢做的事情表格中，在 R 类型里选择"是"的个数是 5 个，在喜欢的职业表格中，R 类型选择"是"的个数是 4 个，那么 R 类型的得分是 9 分。这样算下来，我们可以得到我们在六个类型上的得分。其中分数最高的那一项，就是我们最主要的兴趣类型。

与你周围的同学交流，结合"心灵智慧"中对各个类型特点的介绍，看测出来的结果与自我感觉是否相符？与他人对自己的感觉是否相符？

2. 小组讨论

(1)你觉得王亮的工作价值观中包含了凯兹工作价值观表中的哪几项？

_____

_____

(2)凯兹的价值观项目中你最重视哪三项呢？你重视这几项的原因是什么？请与小组的同学分享。

_____

_____

心灵拓展

1. 记录自己一周来主动从事的各项活动，并思考每种活动属于 RIASEC 中的哪一类型。

活动 1：_____
内心的满足感(满分 5 分)：____　　　　　　符合哪一类型：____
活动 2：_____
内心的满足感(满分 5 分)：____　　　　　　符合哪一类型：____
活动 3：_____
内心的满足感(满分 5 分)：____　　　　　　符合哪一类型：____
活动 4：_____
内心的满足感(满分 5 分)：____　　　　　　符合哪一类型：____
活动 5：_____
内心的满足感(满分 5 分)：____　　　　　　符合哪一类型：____
2. 与父母、朋友分享自己的工作价值观，听取他们的看法。

主题3　了解职业世界

心灵故事

　　小林个子高高的，人也长得很漂亮，大家都说她很适合做模特。她自己也很想当模特，常常憧憬 T 形舞台的生活。初中毕业时，她满怀信心，报考了一所职业学校的模特专业，可是最后却被录取在文秘班。为此，她把自己关在房间里大哭一场。父母安慰她说，"一个小姑娘，坐在办公室里，收发文件，接接电话，做个秘书也不错。"小林当时也只能抱着这个想法去学校报到，而她心里老大不乐意。

　　随着专业学习的进程，小林逐渐明白，现代秘书，不是想象中那样只是收发文件、接接电话那么简单，要学的东西很多。现代化的企事业单位办公系统都是自动化的，需要掌握很多专业技能，要能熟练使用办公软件，同时还要熟悉单位的业务流程，主动参与到单位的各项事务中去。学习使小林认识到，文秘也有很大的挑战性，也有很大的发展空间。小林开始喜欢文秘专业了。

　　现在，小林已经是一家外贸公司的总经理秘书，工作除了收发文件外，还要清楚外贸公司的基本业务流程。更重要的是，她还扮演着总经理与很多业务部门以及重要客户之间的桥梁角色，她的工作水平对于总经理工作的顺利进行有着重要的影响。

看了小林的故事，你有什么体会？

_____

_____

_____

心灵智慧

　　小林原以为文秘的工作就是收发文件、接接电话，因此，很不喜欢这个专业和职业。但当她开始投入到专业学习以后，才发现这个专业并不是她以前所想象的。尤其是真正进入工作环境后，她更是发现这个职业有着很强的挑战性，也有太多需要学习和掌握的内容。由此可见，我们对于某种职业的认识，常常是带有偏见或者某些先入为主的刻板印象，这种认识会妨碍我们进行有效的职业选择。因此，在学校期间，尽可能地多了解职业世界，对于毕业后选择适合自己的发展道路，有着重要的价值。

1. 职业世界面面观

我们该如何了解职业呢？实际上，每个职业都有自己的因子，需要综合考虑，以免以偏赅全。

职业定义

这是对使用工具、所从事工作活动的说明，是职业信息中最重要的内容。它规定了该职业的基本任务、开展工作的基本方法、需使用的基本仪器和设备。

以"会展策划师"为例，其职业定义是：从事会展的市场调研、方案策划、销售和营运管理等相关活动的人员。从事的主要工作包括：

- 从事会展（会议、展览、节事活动、场馆租赁等）项目的市场调研。
- 从事会展的立项、主题、招商、招展、预算和运营管理等方案的策划。
- 从事会展项目的销售。
- 从事会展的现场运营管理。

能力和技能要求

描述职业所需要的能力和使用的典型技能。比如建筑设计师需要较强的空间能力、推理能力、数字能力，需要具备一定的沟通、学习、设计等技能；野生动物研究者和考古人员，除了需要具备专业技能外，还需要有很好的体能。

受教育程度

说明要从事该职业必须具备的学历和专业水平。如在企业担任电气工程师，那么至少应当具备大专或大专以上学历。而对于很多操作技能要求高的职业来说，学历的高低就不重要，操作水平和经验才更关键。"心灵故事"中提到的王亮就是这样的例子。

资格、水平及经验

有些职业除了要求正式的学位、学历外，还要求具备一定的职业资格，获得能够证明专业水平的证书或者具备一定的工作经验。如要到高级餐厅担当厨师长职务，除了必要的学历外，还应当有丰富的工作经验。

职业人格特征

是指从事该职业的人需要具备的性格特征。不同的职业对人的性格有着不同的要求，如护士行业要求有高度的责任心、稳定的情绪、喜欢与人打交道，对人热情温和等；职业司机则要求从业者生活有规律、不轻易冒险（赛车手除外）、性格稳重等。

雇用和发展前景

除了以上职业本身的特点外，我们还应该了解职业的内容包括：①职业的发展前景，如我国或本地区当前从业人员的数量、职位空缺的数量以及未来需求增减的趋势。②进入该行业后未来的职位升迁路径等。③对技术发展、全球化等因素对该行业未来发展影响的预测。

仍以"会展策划师"为例，目前全国有会展从业人员100多万人，其中从事经营策划的各级管理人员约15万人。进入20世纪90年代以来，会展业成为我国各主要城市的一个"显业"，得到了迅猛发展，被人们誉为"朝阳产业""撒钱产业"。但是由于我国会展业和对会展经济的研究都起步较晚，会展教育亦相对滞后，各地都缺乏真正懂会展业的人才。会展人才培养和发展成为制约着我国会展业务开展及会展的组织水平和服务质量提高的瓶颈。有业内资深专家指出，我国展览会数量已经很多，但真正形成国际品牌的屈指可数，其关键在于策划人才的缺乏。

对于中职生来说，选择一个有发展前景的行业进入，尽管起点可能低，但只要自己努力，一定会有好的发展。

职业环境

工作场所的条件，包括工作的物理环境和人文环境。物理环境包括室内、室外，基本条件如温度、湿度、照明等；人文环境包括上级的管理方式与风格、同事之间的关系类别、客户对象的特点、出差时间的长短与频次等。

职业报酬

工资及各种福利待遇。这是很多同学最关心的职业信息，所以一定要有所了解，不能凭想象来判断。工资是最基本的职业报酬，除此之外的福利待遇也很重要，但常常为同学们所忽略，如各种保险、住房补贴、提成分红、假期、奖励等。

2. 了解职业的途径

职业信息的官方资源

我国最权威的职业信息当属《中华人民共和国职业分类大典》（简称《大典》）。《大典》中对每个职业内容的介绍包括职业编码、职业名称、职业定义、职业描述及归入本职业的工种名称与编码等。

比如，如果想了解"会计"这个职业的具体内容，可以到《大典》的第二大类"专业技术人员"中找到第六中类"经济业务人员"，再从第六中类中找到第三小类"会计人员"，然后找到"00"细类——"会计人员"职业。《大典》对"会计人员"的描述如下：从事国家机关、社会团体、企事业单位和其他经济组织会计核算和会计监督的专业人员。从事的工作主要包括：①对单位的会计事项进行会计核算。②对单位的经济活动实行会计监督和控制。③制订单位办理会计事务的具体办法。④参与拟订经济计划、考核、分析预算、财务计划的执行情况。⑤进行其他会计管理工作。

随着我国社会经济的快速发展，很多崭新的职业不断涌现，为了弥补《中国职业分类大典》修订较慢的不足，原劳动与社会保障部从 2004 年起建立了新职业发布制度，到目前为止，已经发布了十批新职业，第十批新职业于 2007 年 11 月 22 日在青岛发布，这次发布的新职业全部集中于服务业领域，这些新职业分别是：色彩搭配师、厨政管理师、乳品评鉴师、品酒师、坚果炒货工艺师、电子音乐制作师、游泳救生员、劳动关系协调员、安全评价师、玻璃分析检验员。这些新职业及其描述，可以在"中国劳动力市场"网站上找到。

书报、杂志、影视中的职业信息

传记是职业信息的重要来源，尽管不十分准确、科学，但很形象具体。许多职业中的优秀人物都有自传，像《杰克·韦尔奇》自传详细地介绍了一个有志于企业管理的人，如何从一个大学毕业生成长为世界上最优秀企业的核心管理人员，并创造了辉煌业绩的过程；《林巧稚（传记）》描绘了林巧稚医生的伟大人生，能够给读者呈现医生职业的大量信息。

电影和电视剧也能提供很多职业信息，关于警察、企业家、教师、服装设计师、广告设计师、销售员、房地产开发商、心理咨询员、消防员、医生等职业的电影、电视剧比比皆是。

阅读和职业相关的科普杂志或者学术期刊，也是很好的收集职业信息的途径。如《网管员世界》《程序员》《电子工程师》《服装设计师》《人力资源开发与管理》《科技创业月刊》《审计月刊》等杂志，可以带来非常多的行业工作信息。

报纸不仅能够提供行业信息，还能提供各地劳动力市场的信息。《新疆经济报》《云南商报》《贵州商报》等各地的商业信息中，都包含着大量的当地劳动力市场上各行各业的情况。倘若要了解某地某行业的发展前景，可以选择一两种该地该行业的报纸或杂志，将一段时间内的这些资料集中起来研究，就会得到很有价值的信息。

通过互联网获得职业信息

使用互联网来获得职业信息是最为便利的方式。例如，到中华人民共和国人力资源和社会保障部的相关网站上，可以方便地获得最权威的各类职业信息；各个行业协会主办的行业网站，也是职业信息的有效资源，如"中国拍卖业行业协会"的网站（http://www.caa123.org.cn）上有关于"注册拍卖师"资格认定、考试、行业规范以及行业发展、行业新闻等各方面信息；在"中国注册会计师协会"的网站（http://www.cicpa.org.cn/）上可以找到会计师行业的重要规定、工作案例等非常有价值的职业信息。这些行业协会网站上的职业信息是比较可靠的。

直接选择上某个单位的网站，也是了解职业信息的好办法。化工专业的学生可以直接上"中国石油化工股份有限公司"的网站（http://www.sinopec.com.cn/），了解该公司的业务流程；学习与"钢铁"有关专业的学生，可以直接上"首钢集团""宝钢集团"等公司的主页，了解本行业的概况；与"市场调查"相关专业的学生，可以通过"零点调查"（http://www.horizon-china.com）"盖洛普咨询有限公司"（http://www.gallup.com.cn/）来了解行业状况。

生涯人物访谈、实习、参观等

以上所说的收集职业信息的方式都是间接的。除此之外，我们还可以开展很多直接获得职业信息的活动。生涯人物访谈是指选择一位正在或曾在选定领域中工作的从业人士，通过与他/她沟通，获得该职业多方面的情况。

工作实习（见习）则是通过一段时间的亲身参与到工作中去，来更为深入地了解该行业的特性。通过亲自实践一部分工作内容，来考查自己的个性、能力和兴趣是否与该职业相吻合，并能对该组织的文化、工作环境、上级的管理方式等有更为深入的探索。

参观是直接到相应的工作场所观察该行业的工作情况。要让这种观察取得最好的效果，事先一定要作较为充分的准备，准备好要提的问题。参观的重点在工作内容、工作方式和工作环境等。

心灵训练

与前排或后排的同学四人一组进行讨论。

1. 我们所学的专业在社会上对口的职业有哪些？

_____

_____

2. 选择五种本专业最可能从事的职业，每个同学根据自己的兴趣、价值观和性格从这五种职业中选择自己最喜欢的，然后选择同一职业的同学坐在一起，讨论要胜任这个职业，需要我们具备什么样的能力和素质？（如果选择某一职业的人太多，可以再分组。）

_____

_____

_____

心灵拓展

选择一个自己感兴趣的职业，通过各种途径去了解它，了解的内容包括：职业定义、能力要求、学历要求、经验要求、人格特征、发展前景；了解的方式包括访谈一个从业者和查阅网上资料等。

主题4　提升职业能力

心灵故事

赵伟——从厨师到酒店执行总经理

1994年，赵伟高考落榜。到北京漂泊了半年之后，赵伟意识到四处漂泊并非长远之计，决定回家乡学习一门能够安身立命的技术。在一个熟人的介绍下，赵伟跟着当地一个土菜师傅学炒菜。学了两个月后，勤于琢磨的赵伟看到一些大的菜系都要有理论知识作基础，于是报名到武汉商学院烹饪专业学习。

在商学院学习了几个月后，赵伟以优秀的理论和实践成绩毕业了。因没有资历，最初他只找到了一家小酒店当配菜工。然而，小酒店毕竟只是小技艺，对菜品的要求不高。赵伟做出了一个让同事们惊讶的决定：放弃这份做得正好的工作，到一家大餐厅去当杂工，宁可不要工资！

赵伟以自己的诚恳打动了那家餐厅的负责人，同意他留在那里。就这样，赵伟足足当了几个月不拿工资、白干活的跑堂杂工。看他肯吃苦、又肯学，餐厅负责人决定培养他进厨房。在厨房内，他先是干白案师傅，因认真勤奋，终于成为一名名副其实的大厨师。

1999年，赵伟被武汉三五轩酒店看中，当了该店一家分店的炉台主管。因业绩出色，随后他被一级级提升为厨房总监、厨师长。在任职期间，他带领该店厨师团队，积极研发新菜，不断推陈出新，满足顾客口味，酒店顾客日渐盈门。

赵伟以自己的努力，赢得了总经理的信任。在该店分店开张时，赵伟升任执行总经理，全面负责酒店营运工作。从一名普通厨师成长为酒店总经理，这在黄石地区是不多见的。当了总经理后，赵伟更繁忙了。为了当好一名合格的管理者，赵伟经常外出学习，凡是经营管理课，只要能抽出时间，他绝不落下。

赵伟说，回首以往的路，自己曾是一名徘徊街头的落榜生，只因热爱学习、诚恳待人、踏实工作、永不放弃，所以才有今天。

——摘自东楚黄石新闻网 http://www.hsdcw.com/HTML/2007-5-1/53918.HTM

你认为使得赵伟从高考落榜生成为酒店执行总经理的主要原因是什么？

_____

_____

_____

心灵智慧

有人说，一个人要成功，一定要选择适合自己的职业，能够发挥自己专业优势的职业；也有人说，一个人能否成功，与他选择什么职业的关系不大，关键是他能否一心一意地工作，一丝不苟地钻研。

我们在前面了解了职业兴趣和职业价值观，知道要尽量选择符合自己职业兴趣和职业价值观的工作，这样的职业能够吸引我们的注意力，使我们更有动力继续下去。但无论是兴趣，还是价值观，归根结底都要落脚在提高我们的能力上，因为只有具备了必要的职业能力，我们才能做出高水平的工作业绩来。那么，什么是职业能力呢？下面我们给大家介绍三种核心的职业能力及其提高方法。

1. 专业能力

专业能力是指做好某项工作所必须具备的专业知识和专业技能。比如，厨师的专业能力就包括厨师专业知识和厨师专业技能两大部分，知识方面又包含营养与卫生保健的基本理论知识、中高档宴席知识、酒店管理及成本核算知识、现代厨房管理及餐厅设计知识等内容，而技能方面就更重要了，包含刀工、勺工、面点制作、冷热菜制作以及各大菜系的制作等，西餐厅的厨师还需要掌握西式糕点、菜肴的制作技能等。

专业技能有很强的针对性，它只能应用在某些特定的职业领域。离开这些领域，这些知识和技能的作用就会大打折扣，甚至完全没有用武之地。比如，原来操作机床的工人现在改行去做销售，那么原来的对机床工作的技能就基本没用了。这就是为什么很多人在 35 岁以后不再换行业的主要原因，因为这会导致原有的职业优势消失，面对新的挑战只能从头学起，其成本太高了。

2. 通用能力

通用能力是指在很多职业领域中都需要的能力，在某一个职业中所获得的通用能力能够很好地应用在新的职业中。通用能力有很多种，主要的通用能力有表达能力、沟通能力、团队能力、领导能力、信息处理能力、外语能力、计算机能力等。

表达能力对所有的工作都是很重要的。使用言语的或非言语的方式，准确无误地表达自己的思想和情感，是现代社会工作的基础。在重要会议上的发言或演讲、给上级领导的口头或书面报告、某个阶段的工作总结和个人感受等，都是展现表达能力的重要时刻。言语表达分为书面表达和口头表达两种，在不同场合、不同要求下，需要恰当地运用。表达能力的背后是思维和分析能力，表现为准确流畅的语言和严密的逻辑。同学们应当利用参加各种社团、当学生干部的机会，充分地锻炼自己的表达能力。

沟通能力也是各种工作中必不可少的。如果说表达能力更多的是将自己展现给外界，是单向的话，那么沟通能力则更多的是与外界互相了解和接纳，是双向的。在沟通能力中，情绪管理能力是沟通能力的根本，也就是我们通常所说的情商。因为在沟通过程中，交流的不仅是信息，更多时候还有情绪。许多沟通不畅的问题，就是沟通双方未能很好地理解和处理彼此的情绪。这部分内容我们在人际关系部分已经有过详细的介绍，同学们应从现在起，可以利用各种机会练习与他人沟通，尤其是带有情绪的沟通。在学校时获得沟通技能，能够很好地迁移到各种工作场景中去。

团队能力是指在一个团队中与他人良好合作、积极完成团体任务的能力。团队能力表现为在大家意见分歧时，能够积极寻求能整合大家想法的前进方案；表现为与团队成员发生冲突时，能够从团队目标的实现角度也就是从大局考虑来解决问题，而不是只考虑自己的感受和利益；表现为在其他成员因病或其他原因缺位时，能够主动补位；表现为当你发现团队方向错误时，不回避、不胆怯，勇敢地给大家指出来；还表现为积极掌握团队技能，如组织会议的技能、请假的技能等。目前，随着团队式管理的兴起，团队能力变得越来越重要了。

领导能力也是现代工作中越来越重要的能力。领导能力不是当领导才有的能力，也不意味着有了这个能力就一定能当领导，而是每个人都需要具备一定的领导能力。领导能力意味着每个人都从全局角度来思考问题，能够在复杂模糊的情景下进行判断和决策；意味着能够了解他人的优势和不足，更好地进行工作分工；意味着有激励他人工作的能力，让他人在面对困难时有勇气、有信心。

信息处理能力、外语能力和计算机能力是现代社会必须具备的三种工作能力，也是在很多工作中都需要使用的三种能力。

3. 自我管理能力

如果说前两种能力更多的是指向他人或者外在事物的话，那么自我管理能力就是指向自己的。自我管理是一个人对自我进行要求和管理的能力，它常表现为个人素质。对个人职业成功最有影响的自我管理能力包括执著、敬业、责任心、正直、忠诚、诚信、善良等，之所以称其为能力，是因为这些素质可以通过有意识的训练来提高。

从心灵故事的例子中，我们可以看出赵伟之所以能够从一个实习生，迅速成长为执行总经理，靠的是他顽强、认真、执著的信念；前面活动中提到的王亮，之所以能够成为全国劳模，除了敬业精神、执著的信念外，还有着对企业发展的责任心，更有着对培养了自己的企业的忠诚。

人们常说，做事先做人。"做人"水平的高低，在很大程度上反映了自我管理能力的高低，即是否有责任心、是否正直诚信等。当人们面对诱惑时，若能够守住自己的原则、管理自己的言行，不懈地为既定的目标努力坚持，久而久之，就一定能够在既定领域中有所积累、有所成就。

心灵训练

1. 按类别写出你目前所拥有的能力。

专业能力： _____

通用能力： _____

自我管理能力： _____

2. 小组分享并反馈，给同伴指出他具备的，但他自己未写出的能力。

3. 讨论：你的能力结构适合做什么工作？

心灵拓展

分析自己的能力结构，对照自己理想的职业，目前最需要提高的能力是哪方面？制订一个计划，有步骤地进行培养。把这个计划告诉父母、老师或者朋友，请他们帮你修改计划，并协助你实施。

第10单元

多彩的生活——个人生活管理

主题1 学做时间的主人

心灵故事

小明是一个开朗外向的同学，一有新奇的想法就会立刻去尝试，大家也常为他的灵感而赞叹。但有时他显得不那么细心，常常把本该完成的事情忘记。为了克服这个问题，小明决定给自己制作一份详细的时间计划表。在这份计划表中，小明仔细地规定了自己每时每刻都要进行的活动，包括吃饭、休息和赶路。一周过去了，信心满满的小明备受打击。自己的想法总是不能与计划表上的安排合拍，结果弄得安排不能被执行，想法也受到干扰而中断⋯⋯

小明的计划表为什么不但没有帮助他，反而还让常有的灵感也受到干扰？是他个人的问题，还是计划表出了问题？

_____

_____

_____

_____

心灵智慧

时间是一个古老的话题，它很珍贵且每个人都拥有。它可以被无限分割却不能增加一分一秒；它是资源却不能存入仓库。因此，聪明的人总是想尽一切办法利用时间、管理时间，生怕虚度一秒。

无疑我们是要努力成为聪明人的，那么学会管理时间则成为必然的选择。而刚刚已经说过，时间是不会停住也不会增加的，我们要如何来管理不以我们意志为转移的时间呢？

所谓的时间管理本质上是自我管理。就像一则管理格言所说的：我们不能给生活更多的时间，却能给时间更多的生活！当然，时间管理不能只简单地理解为在有限的时间里填充更多的事情，它应该是为了提高时间的利用率和有效性，而对时间进行合理计划和控制、有效安排与运用的管理过程。特别是已经发展到今天的时间管理理论，使任务轻重缓急的性质受到了更多的关注，对效能的强调也远高于效率。一个人能否有效地管理时间，不单单是方法和技巧是否掌握的问题，还与这个人对时间价值的认识、自身素质（包括文化、知识素养、智力水平、人格等）以及对工作和休闲这些相互联系的事情的看法有关。

心理学的研究发现，如果我们能够更加有效地管理时间，我们就可以降低各种任务所带来的压力，减少焦虑情绪，提高自信和主观幸福感，同时取得更多的成绩。既然如此，下面就介绍一种时间管理的七步方案，供同学们参考。

第一步，构思生活蓝图和理想，确定生活目标

理想可以帮助我们找到生活的意义和方向。在过往的生活当中，我们总会遇到目标不确定的时刻，这时不尽的迷茫就会席卷全身，让人感到失去了左右未来的能力。当务之急，就是迅速确定自己的理想，以此为指导选择即将要走的道路。

第二步，确定生命角色

在第9单元中我们认识到，人在一生当中要扮演很多角色，如孩子、朋友、学生、丈夫或者妻子、父母、同事、领导、公民等。而在扮演这些角色的同时，我们也就要承担起这些角色所包含的各种权利和义务。角色越多，生命的负荷就越大。塞沃特认为，人们最好将自己同时担任的角色限制在7个以内，这样才能集中精力在重要的事情上，使每个角色丰满起来，让自己充分享受到在这些角色之中的高质量生活。

第三步，定义关键任务

在确定了自己的角色之后，为了实现这些角色的生活含义，我们就必然要去完成一些具体的事情。那些最能够帮助我们实现完满含义的事情，就是关键任务。为了更明确地知道自己的关键任务，我们可以通过列表的方式进行分析，如：

角色	关键任务
学生	提高成绩，着重提高专业操作技能
朋友	和朋友们在一起或者打电话问候朋友
儿女	做正确的事，不让父母失望
班长	组织班级活动，使班集体更有向心力
……	……
以上所有	保持健康，合理饮食和适当锻炼

第四步，设计具体目标

目标在生活中发挥着轴心的作用，它将生活理想和生命角色与短期计划联系起来。SMART公式是一种有效的确定未来阶段性目标的方法，根据这个公式，短期目标应符合五个标准：

S(specific)——特定性：目标应该具体明确，否则将是空洞的幻想。

M(measurable)——可测定性：能够确定在多大限度上可以实现该目标。

A(action)——行动指南：目标应指明人们朝积极的方向采取行动，有操作性。

R(reality)——现实性：目标虽然订得很高，但一定是有实现的可能。

T(terminable)——期限性：目标应有具体的实现期限。

这样看起来，像"我今年要努力学习""我今年要多锻炼身体"一类的目标表述就完全不符合SMART公式的标准了。究竟怎样的目标表述才符合SMART呢？

举个例子，"我现在身高175厘米，体重85千克，有些超重。在今年一年里，我要将体重减少到80千克以内。因此，我要坚持每天都有半个小时以上的时间锻炼身体(如跑步、仰卧起坐等)，不再吃炸鸡腿和零食，每天都吃水果，每餐至少有一道蔬菜。"在这里，一年内体重减少5千克，期限具体、目标明确，每天锻炼的时间、饮食计划都很具体，说出了到底要怎样做，且都是经过努力，可以做到的。

如果愿意，我建议你将之前列出的关键任务表继续扩展成年度计划表，即想清楚自己准备如何具体来完成这些关键任务，并将计划补充填写在关键任务之后，最好采用量化的方式，如每天增加技能训练半小时等。

第五步，分清主次先后顺序

时间管理成功的关键就是集中精力做最重要的事，谁能合理地安排好事情的先后顺序，谁就能把时间掌握在自己手中。那么如何来划分事件的先后顺序呢？艾森豪威尔的时间顺序矩阵则是一个好的选择，矩阵如下图。他把每个事件都从两个维度进行划分，即重要程度和紧迫程度。所谓重要程度，就是指这件事和你的目标的相关程度。越是可以直接影响目标实现的事件，越重要。所谓紧迫程度，就是指此刻与这件事需要完成的最后期限的时间距离。时间距离越短，越紧迫。

A 区间：既重要又紧迫的事件，必须马上解决它们。比如，再过半小时我们要去参加一个重要的面试，那么在这半个小时之内，我们就应该全力以赴地为这个面试作最后的准备。

B 区间：重要的事件，但并不很紧迫。可以把它们缓一缓，但要事先做好计划，确定最后期限。比如，一年后我们要参加计算机四级考试，虽然我们并不需要从现在开始每时每刻都围绕这个考试来工作学习，但是我们要制订相应的计划，按部就班地让自己在考试前完成知识、技能的准备。

C 区间：紧迫的事件，但并不重要。这类事件会占用很多时间，从提高效率的角度应该尽量少做，但也可根据自己的时间充裕程度选择。比如，有同学告诉你现在有一个关于《红楼梦》的精彩讲座，要参加的人需要马上过去，而你的兴趣是天文，这时候就需要你根据自己的情况权衡一下是否要去了。

P 区间：既不重要也不紧迫的事件。这类事件可以直接忽略。比如，路上有人发给你关于某种新产品的传单。

一般认为成功的秘密就在于集中精力做 B 区间的事，少一点时间用在 C 区间的事情上。

第六步，高效完成日常事务

一天是我们制订计划的时间单位，我们每天早上应专门拿出几分钟时间，检查一下这周的计划表，哪些事的确很重要？今天需要全力以赴做什么？

那么，怎样制订一天计划呢？有人总结了七大基本原则，你可以参考试试。这七条原则是：①一切计划落实到书面。②在前一天晚上做好计划。③估计每件事大概花多长时间，规定最高限度。④不要把全天时间都列入计划。⑤归纳相同程度的活动，描绘一天粗略的结构。⑥全力以赴完成重要事件。⑦以积极的态度开始和结束每一天。

第七步，自我约束——每日成功的基础

赢得时间的一个重要方法就是自我约束。事情从来都是知易行难，如果不能做到自律，那么前面所有的计划都只能停留在纸面上。这一步没有什么窍门，唯有毅力！当然自律并不是要把自己完全变成一架高速运转的机器，适当的放松也非常必要。本单元主题3就是专门介绍如何安排休闲活动的。

最后要说的是，在树立了时间管理的理念之后，所谓的方法则是可以简便行事的。方法没有万能的，关键是找到适合自己的那一种。有的人天生就有紧迫感，做事从来都是雷厉风行；有的人严谨认真，常做计划遵守时间；有的人思维天马行空，不拘小节。在制订时间管理方案的时候，我们不必强扭着自己的性格，即便是一定要克服的缺点也需循序渐进。其实最大的问题不是不会做计划，而是对计划缺少执行力。一个执行得差一点儿的方案，也要好过一个完全得不到执行的好方案。因此，首要的问题，就是制订一个适合自己、能够完成的计划。

心灵训练

1. 明确自己当前的重要角色(不超过三个)，并把它们写下来。

_____

_____

_____

2. 每个角色当前的关键任务是什么？同样把它写出来。

_____

_____

_____

3. 请你为这些关键任务确定 SMART 目标。

任务一(名称)：_____

具体的目标：_____

具体期限：_____

具体的操作方法：_____

任务二(名称)：_____

具体的目标：_____

具体期限：_____

具体的操作方法：_____

任务三（名称）：＿＿＿＿＿＿＿＿＿＿＿＿＿＿＿＿＿＿＿＿＿

具体的目标：＿＿＿＿＿＿＿＿＿＿＿＿＿＿＿＿＿＿＿＿＿＿＿

具体期限：＿＿＿＿＿＿＿＿＿＿＿＿＿＿＿＿＿＿＿＿＿＿＿＿＿

具体的操作方法：＿＿＿＿＿＿＿＿＿＿＿＿＿＿＿＿＿＿＿＿＿

4. 把自己今天的活动都写下来，将它们根据重要程度和紧迫程度的不同，放到下表中。

事件分类表

紧迫且重要	不紧迫但重要
紧迫但不重要	不紧迫不重要

心灵拓展

在以后的一周里，坚持做时间日志，记录自己的每一个小时是怎样度过的，包括吃饭走路这些琐事。在一天终了的时候，你要总结当天时间花费的情况。如此，你才能知道你的时间究竟花在哪里了。

时间日志表

日期	时间点	事件内容	花费时间

在确定知道自己的时间是如何花掉的之后，请根据七步方案中的第五步，对花掉时间的这些事件进行划分，并以此为依据给自己制订一个可行的周计划，并切实执行，将自己执行之后的感想记录下来。

事件分类表

紧迫且重要	不紧迫但重要
紧迫但不重要	不紧迫不重要

周计划表

星期一	星期二	星期三	星期四	星期五	星期六	星期日

执行了自己的周计划后，你的感想是：

_____

_____

_____

主题2 管好自己的收支

心灵故事

李明是一名中职学校的新生，才入学一个月，他就将父亲留下的1200元花完了，那本来是他三个月的生活费，而且他还向同学借了200元。总向同学借，也不是办法，他只好拨通了家里的电话，向父母要生活费。电话那端传来父母惊讶的声音，他们很难相信李明在短短的一个月时间内花了1400元。这笔钱在他们生活的县城，足以维持一

个三口之家两个月的基本生活！父亲问道："学费、住宿费都交了，各种日用品也替你买了，你的钱都花在哪里了？"李明一边回忆，一边报告自己的花销：

学校的饭菜虽然便宜，但不好吃，他就经常和同学出去吃，再加上互相请客（总不能老让他人请，那样太没面子了），一个月下来花了大约500元；

班上好多同学都有手机，自己也买了一个，花了500元；

与老朋友分开了，给他们打了很多电话，手机话费150元；

购买文具50元；

上体育课需要运动鞋，原来的有点旧了，买了一双新运动鞋，200元；

……

父亲听完李明的回答，激动得直咳嗽；母亲接着说，家里条件不太好，只能每个月给他400元生活费，希望他省着点儿花。

李明接完父母的电话，觉得非常内疚。父亲的咳嗽是职业病了，但是为了维持生计，他不得不工作。反思自己的花销，确实太大手大脚了。他决定从开学的第二个月起，好好管理自己的"财务"，减轻家里的负担。

请你分析一下李明的消费清单中，哪些是合理的，哪些是不合理的？为什么？

_____

_____

_____

请结合自己的生活经验，谈一谈如何帮助李明管理自己的财务？

_____

_____

_____

心灵智慧

1. 个人理财的目的

为什么要进行个人理财呢？个人理财的目的是什么？

做一个明白人

关于钱，我们有太多的困惑：我为什么没钱呢？我们有可能知道自己的钱从哪里来，但很多时候，都不知道它们到哪里去了。尤其是当我们没钱的时候，就会想，明明之前还很宽裕啊？为什么就没钱了呢？而理财之后，就能清楚地了解自己的收支情况，尤其是自己的花销情况，在经济生活方面，做一个明白人。

减少不必要的开销

当我们明白自己的收支情况后，就可以在此基础上反省自己的花销——哪些是必需的，哪些不是必需的，减少不必要的花销，将节省下来的钱存起来。比如，一日三餐等基本生活开销就是必需的，而花200元钱给同学买生日礼物或者请客，则不是必需的，这部分开销就是可以缩减的。

增加财富

成功的理财贵在开源节流。通过理财，我们可以增加自己的收入，同时减少开销，从而积累财富。比如，某同学每个月的固定生活费是500元，而他自己每个月的花销也刚好是500元。通过理财，他将请客、送礼物以及通信费用降低，从而节省下50元。同时，他还利用寒暑假去做一些兼职，并把工作收入和省下的生活费存起来，从而为自己增加财富。

减轻家人的负担

作为一名普通的中职生，还没有养活自己的能力，但是通过理财，可以减少开销，增加财富，提高自己的经济独立能力，从而为家人减轻经济负担。

未雨绸缪

有时候，我们想要为自己添置一些物品，如CD、MP4，甚至是手机，但总不能每买一件物品都向亲人伸手要。或者有时候，在某个特定的节日或者家人的生日之前，我们希望给他们买一份小礼物，如果手头没有足够的钱，总不能还向家人要。但是，如果我们之前就已经开始理财，有了一定的储蓄，那么这一切就都迎刃而解了。

实现自己的目标

俗话说："钱不是万能的，但是没有钱是万万不能的。"我们的许多目标都是以一定的经济实力作支撑的。基本的生活，如吃饭穿衣；与人交际，如通信；个人的发展，如上培训班、念大学等。通过理财，我们能提高自己的经济能力，从而促进目标的达成。

提高生活质量

理财的最终目的是，提高自己的经济能力，充分地享受物质生活和精神生活，用财富获取身心的健康和愉悦，从而提高生活质量。

总之，理财贵在"开源节流"，开拓增加财富的途径，减少不必要的开销，增加自己的经济能力，提高经济保障，实现自己的目标，从而更好地享受丰富多彩的生活。

2. 个人理财的原则——量入为出

这是理财成功的关键。理财要根据自己的经济实力，量力而行。有多少钱，办多大的事。如果不顾自己的实际情况，胡乱地消费、借债，很有可能让自己陷入经济危机，面临艰难窘迫的困境。

要做到量入为出，首先要合理消费。消费的目的是满足自己的需要。合理消费的前提是认清自己的需要。中职生的需要包括生存的需要和发展的需要。生存方面的花销主要指衣食住行的费用，发展方面的花销主要指参加培训、考试等用于自我提高的费用。当然，适当的娱乐和人际交往也是应该的，但这两项加起来最好不要超出每个月固定支出的20%。此外，不要盲目跟风或攀比，买一些自己不需要的物品或奢侈品，避免盲目消费而增加自己和家庭的经济负担。其次，要根据自己的收入情况，适当储蓄，以备不时之需。有条件的情况下，可以将自己每月固定的生活费或零花钱的10%存储起来。

3. 个人理财的方法

我们如何在实际中对自己的财富进行管理呢？个人理财的方法，可简单地归纳为八个字："开源节流，拒绝攀比"。

开源

如何开源呢？首先我们要知道自己可能的收入渠道有哪些。作为一名中职生，我们的收入来源主要为以下五类：

来自家庭的收入。父母每月给的生活费以及零花钱；逢年过节亲戚或父母朋友给的压岁钱等，这可能是一笔比较可观的收入；获得好成绩或者做家务而得到的奖励或报酬。

奖学金。班级、学校甚至是国家，为鼓励成绩优异或者在某些方面作出特殊贡献的学生，如成绩优秀者、体育健将等，发放的奖金或资助。获得奖学金并不是我们认真学习的主要目的，但是在学习知识和技能之余，还能获得资助和奖励，又何乐而不为呢？对于成绩优异或有某方面特长的同学，可以关注相关的竞赛或考试，增加自己的收入。

助学金或助学贷款。针对家庭经济困难的同学，国家出台了照顾政策，家庭经济困难的同学通过审核后，可以申请助学金或者助学贷款。如果你家里的经济状况不是很好，可以考虑申请。

销售物品。如果你有不再需要或不再喜欢的物品的话，可以考虑出售它们（如玩具、图书和衣物等）。你可以以较低的价格转让给同学、朋友或低年级学生；也可以在类似eBay(易趣)的网站上进行在线销售或拍卖。此外，还可以收集家里的废旧物品，如旧书、塑料瓶等卖给废品回收站。在销售物品时，一定要对物品的价值进行评估——是否真的不需要，是否有收藏价值等，可不要一不小心卖掉家中的古董呀！

兼职。同学们可以利用课余时间打工或在寒暑假期间去做全职工作。你可以寻找一些适合你做的工作，包括：①学校的勤工助学岗位。现在很多学校会为学生设立一些看管器材或者打扫卫生等勤工助学岗位，如果你所在的学校有类似的工作，你也可以申请。学校的勤工助学相对比较安全，而且薪资也有保障，工作量一般不会太大，是比较适合中职生的工作。②肯德基或麦当劳的计时工。同学们可以利用课余时间或寒暑假期间在城市的肯德基或麦当劳等快餐店做服务生。每个小时可能有10元左右的收入。这份工作相对辛苦，但薪酬不低，且在城市比较好找，比较适合中职生。③投递报纸。如果你可以申请到足够多的投递业务量的话，你可以从这份工作中获得很好的收益。许多青少年每星期可以赚到100～200元，甚至会更多。但是，投递报纸的工作相对比较辛苦，每天都要早起，而且不论风雨，都要准时将报纸送到。这份工作对个人的体力、意志力都是一个比较大的考验。但是，如果有相关的工作经历，在正式求职的时候，可以作为个人责任心和意志力的证明。④照顾老人或小孩。如果你喜欢照顾人，喜欢与人交流，你可以在职业介绍所找到这样的工作。也可以帮助邻居照顾他们家中的老人和小孩，获取一定的费用。但是这份工作对照看者的要求比较高，首先是要有较强的沟通能力，并且有耐心、有爱心，还要承担一定的责任，确保被照看者的安全。所以，在做这份工作之前，需要对自己的能力和性格作一个评估。当然，你首先要考虑自己的人身安全，防止被骗或者其他伤害。⑤特殊技能类。如果你具备一些特殊的技能，如电脑维护与维修、钢琴、网页制作等，那么你可以到与此相关的单位工作或从事这方面的家教工作。

> 同学们在选择兼职的时候，可以根据自己对未来从事职业的规划，来做相关工作。这样，既可以及早了解未来工作的内容、对工作者的能力要求等方面的信息，又能提高自己的能力，为自己正式的求职加分。

小窍门

节流

节流，就是要节省开销。较为常用的方法是制订个人财务状况表，在自己的开支情况的基础上，进行改进或缩减，以达到"节流"的目的。具体步骤如下：

第一步，要了解自己的财务状况：主要收入及其来源、主要开销项目及其金额、结余或负债情况。

第二步，对自己的财务状况进行评估，是否合理、是否必要，有没有需改进或缩减的项目？如何改进，如何缩减？

第三步，在此基础上，制订一个个人收支计划表，按计划实行。

第四步，对自己执行计划的情况进行评估，并根据实际情况对计划进行调整。

第五步，日积月累后，将自己剩下的钱进行投资。根据实际情况，选择不同的投资项目，如储蓄、购买股票、基金、保险等。

拒绝攀比

他人有的东西我也想有，大家都做的事情我也想做——这些想法常常给我们很大的压力。我们有些时候会为了让他人不把自己当另类看而购买一些自己并不真正需要的东西，在购买这些东西之前会感到犹豫，购买之后有时又感到后悔。

之所以会有攀比的心理，常常是因为我们对自己不够肯定，对于自己的价值、能力和未来的发展常常有怀疑，从而让我们无力面对群体的压力，最后采用与群体保持一致的方式，甚至是比群体更超前的方式来避免与群体的差异。

例如，假如几乎所有同学都在使用大屏幕、可拍照的名牌手机，那么你会不会为自己还在用黑白屏、只能打电话和发短信的手机感到自卑？你会不会省吃俭用半年时间来买一台功能强大（其实绝大部分功能都不会被使用）的昂贵的名牌手机？如果你有很肯定的自我价值感，你就不会。你有独立的价值观，就不会被这些所谓流行的观念所影响。

也有同学会说，"我也知道不能去攀比，可是老是有人因为我的过时的自行车而嘲笑我，我该怎么办？"你可能有两种反应，一种是教训他们一顿，另一种是更换自行车。可惜这两种方法都不是很积极的方法，前者可能带来更大的冲突、麻烦，后者要花不该花的钱。面对他人的嘲笑，我们首先要自我肯定，可以对自己说，"我这辆车样子虽老，可是结实耐用。我这样做很节俭，这没什么不好。""我们家条件不好，能骑上车就很不错了。""我这样是不够时尚，可是这没什么大不了的。"等等。然后可以给他们说，"你们的车好，我也觉得挺漂亮。可是，你要是因为我的车破而嘲笑我，我会感觉不舒服，而且，会觉得你们有点幼稚。"

心灵训练

1. 理财目标

我希望在_____年_____月_____日，历时_____月，积累_____元，以便实现自己的计划_____。

2. 细数我们的"百宝箱"

首先，来了解一下自己的收入来源，以及可以开辟的挣钱渠道有哪些。仔细思考，填写如下的条目：

来自家庭的收入：生活费_____元/月，其他零用钱_____元/月，压岁钱_____元/年。

来自销售物品的收入：可供销售的物品_____，总价值_____元。

奖、助学金：已获得的奖、助学金名称_____，金额_____元/年，经过努力可以获得的奖学金名称_____，金额_____元/年。

具有的特长：_____（如网页制作、钢琴演奏等），可能会获得收入_____元/年。

已经从事的工作：_____，收入_____元/年，可以从事的工作：_____，可能会获得收入_____元/年。

以上填写的项目中，可以销售的物品、经过努力可以获取的奖学金以及可以从事的工作，都是我们可以进一步开拓的"财源"。

3. 个人收支评价

（1）下面我们来分析自己在过去的一个月里对金钱的管理情况。请根据自己的实际情况填写如下的表格。

个人收支明细表

收入	金额(元)	支出	项目	金额(元)
固定收入		基本生活支出	衣：衣服鞋帽等	
			食：一日三餐费用	
			住：住宿费	
			行：交通费	
		学习支出	学费	
			其他培训	
其他收入			学习用品：书报、网络等	
		人际交往	通信费	
			请客、礼品等	
		其他		
收入合计		支出合计		
余额：				

(2)请同学们分成小组，交流一下自己的开支情况以及自己的省钱妙方，并根据下表对自己的开支情况进行评价。

个人支出情况评价表

支出	项目	是否必需	可否降低	改进措施	节省金额(元)
基本生活支出	衣：衣服鞋帽等				
	食：一日三餐费用				
	住：住宿费				
	行：交通费				
学习支出	学费				
	其他培训				
	学习用品：书报、网络等				
人际交往	通信费				
	请客、礼品等				
其他					
总计：					

心灵拓展

在了解了自己的理财目标、收支情况以及改善措施之后，你是否想尝试着计划一下自己下个月的支出呢？请在下面的表格中填写你下个月的收支计划。

个人收支计划表

收入	金额(元)	支出	项目	金额(元)
固定收入		基本生活支出	衣：衣服鞋帽等	
			食：一日三餐费用	
			住：住宿费	
			行：交通费	
		学习支出	学费	
			其他培训	
其他收入			学习用品：书报、网络等	
		人际交往	通信费	
			请客、礼品等	
		其他		
收入合计		支出合计		
余额：				

主题3　健康休闲益处多

心灵故事

一项针对厦门市中职生休闲现状的调查显示，中职生平时最常见的休闲方式依次是听音乐、看电视、上网、阅读、休闲体育、逛街和社交。在生活方式和闲暇时间使用方面的调查结果表明，多数同学存在较多的时间浪费，无法有效地利用，部分同学存在长时间上网、熬夜、饮酒吸烟等不良的生活方式。

在另一项中学生自己进行的"中学生喜欢怎样的娱乐活动"的调查显示，在关于选择何种娱乐活动的问题上，有46%的同学选择上网，32%的同学选择参加体育活动，28%的同学选择阅读书籍，25%的同学选择看电视和电影，与朋友聚会和参观旅游也占了一定比例。

同学们上网做什么呢？QQ聊天、网络游戏、看电影是花时间最多的项目。有些同学每天在这些活动上所花的时间，甚至超过5个小时。

你周围的同学主要通过什么活动来度过他们的闲暇时间？

你自己在闲暇时间里主要干些什么？

心灵智慧

为什么要休闲？人为什么不能一直努力学习工作，把每分每秒都用在最有价值和意义的事情上呢？在我国的传统观念中，"休闲"常常意味着"游手好闲"，因而常常带有贬义；放弃休息时间、努力工作，才是大家认可和赞赏的行为。然而，随着人们对生活目标和意义看法的改变，随着社会物质财富的增长，人们越来越意识到休闲对提升人们生活满意度的重要价值，认识到适当的休闲活动对于放松心情、应对紧张和压力、快速恢复身心能量，都有着巨大的作用。

更有学者指出，生产的根本目的之一就是创造更多的财富，把人们从繁重的劳动中解放出来，从而拥有越来越多的闲暇时光。美国《时代》杂志 1999 年第十二期的封面文章认为：到 2015 年，发达国家"可以让人们把生命中的 50% 的时间用于休闲"，西方世界将进入"休闲时代"，休闲将逐渐演变为人类生活的中心内容。由此可见，休闲应该成为人们生活的重要组成部分。

1. 休闲的定义与功能

一般来说，休闲是指由自己自由决定的，利用可自由支配的金钱、时间开展符合社会规范，以自己感到愉悦和满足为目的的活动。从这个定义中，我们可以看出休闲活动强调的是个体的自由选择，内心的满足愉悦。任何有外在压力、强制性、被动性的活动，都不能称之为休闲活动。

如前所述，休闲对于人们的身心健康有着越来越重要的意义，它主要具有以下功能：

缓解压力，促进身心健康

一般情况下，无论做多么喜欢的工作，学习多么感兴趣的知识，时间长了，人们都会有一定的疲倦和厌烦感觉。这时，休闲活动让我们从重复、单调的工作或者学业中解放出来，暂时忘掉学习和工作，把绷紧的弦放松一下，有利于我们以饱满的精神状态再次面对挑战。如果长时间都处在来自外界的高压、紧张的状态下，而没有内心的自由感、满足感和喜悦感，人们的身心都会出现问题，各种压力导致的疾病如神经衰弱、消化系统溃疡、高血压、心脏病等发生的概率就会增大，严重的会导致过劳死。由于很多休闲活动都是有肢体活动的，所以，它对于身体和心理两方面的健康都有促进作用。

促进人际交流，加强社会支持系统

通过各种各样的休闲活动，我们可以扩大自己的交往圈，认识更多的朋友。由于休闲活动是以自己真心喜欢为前提的，所以参与相同活动的人更容易产生认同感，更容易成为志同道合的朋友。我们可以看到很多同学参加了社团组织，他们对该社团的认同感有时候甚至要超过对班级的认同感。

完善自我，实现自我

学习是我们目前最重要的任务，但并不是生活的全部。有时学习并不能满足我们的所有需要，也不见得能够让我们所有的潜能都得到发挥，我们需要通过适当的休闲活动来获得尊重、获得潜能的实现、获得美的享受。通过一些志愿者活动，比如到福利院或者养老院做一些帮助他人的工作，或者艺术类的休闲活动如唱歌、绘画、弹琴、舞蹈等，都有助于我们更好地完善自我，实现潜能。

2. 休闲活动的分类

有多少种休闲活动呢？欧沃斯博士将休闲活动分为10大类，按从具体到抽象进行等级评定，包括游戏，运动，自然活动，收集活动，手工艺活动，艺术与音乐，教育、娱乐和文化活动，志愿者活动，组织活动和冒险活动。具体内容见下表：

休闲活动分类

100 游戏	400 收集活动
• 110 积极的游戏	• 410 亲笔签名、照片以及海报收集
• 120 目标和技能游戏	• 420 硬币和纪念章收集
• 140 卡片游戏	• 430 邮票收集
• 150 知识与词汇游戏	• 440 自然物品收集
• 160 猜谜	• 450 模型收集
• 170 模型竞赛游戏	• 460 洋娃娃收集
• 190 综合游戏	• 470 艺术作品收集
200 运动	• 480 古董收集
• 210 专业运动观察	• 490 综合收集
• 220 个人非竞赛运动	500 手工艺活动
• 230 个人竞赛运动	• 510 做饭和食物
• 240 双人运动	• 520 装饰活动
• 250 格斗运动	• 530 编织和钩织手工活动
• 260 好斗运动	• 540 玩具、模型和成套工具装配
• 270 团体运动	• 550 纸手工
• 290 综合运动	• 560 羽毛和纺织品手工
300 自然活动	• 570 木头和金属手工活动
• 310 欣赏风景或野生生物	• 580 艺人的活动
• 320 观察、探索或发现活动	• 590 综合的手工活动
• 330 采集野生植物食物	600 艺术与音乐活动
• 340 野营活动	• 610 摄影
• 350 捕鱼、诱捕等	• 620 图画和印刷活动
• 360 打猎、诱捕等	• 630 绘画活动
• 370 培养、照顾植物	• 640 雕塑与雕刻活动
• 380 照顾、训练、养育或展览动物	• 650 戏剧活动
• 390 自然科学活动	• 660 舞蹈活动
	• 670 音乐活动

续表

• 680 写作活动	• 870 钳工工作活动
• 690 综合艺术和音乐活动	• 880 建筑工作活动
700 教育、娱乐和文化活动	• 890 综合志愿者活动
• 710 听广播	900 组织活动
• 720 看电视	• 910 运动俱乐部
• 730 娱乐和戏剧活动	• 920 业余爱好俱乐部
• 740 阅读/文学作品欣赏活动	• 930 政治组织
• 750 艺术和音乐欣赏	• 940 宗教组织
• 760 旅行	• 950 文化和教育组织
• 770 宗教活动	• 960 社会组织
• 780 自我发展活动	• 970 种族组织
• 790 综合娱乐活动	• 980 志愿者服务组织
800 志愿者(帮助他人)活动	• 990 综合组织
• 810 专业的、技术的和管理活动	1000 冒险活动
• 820 文书与销售活动	• 1010 空中活动
• 830 服务活动	• 1020 水中活动
• 840 农业、渔业和林业活动	• 1030 陆地活动
• 850 加工活动	• 1090 综合冒险活动
• 860 机械交易活动	

对照上述休闲类型，我们可以发现，我国中职生的休闲活动较为单调有限。为此，每个人都应该在充分了解自己特点的基础上，发展富有个性的休闲活动。

3. 休闲活动的管理

2001 年 11 月，"中国公众休闲状况调查与研究"课题组对上海、天津、哈尔滨三市的工作群体进行的调查表明：在工作日，人们的休闲时间为 4 小时 46 分钟，休息日为 8 小时 9 分钟。平均下来，每人每年的休闲时间就达到 1900 多个小时，这是多么可观的时间！对于学生来说，每年寒暑假加上双休日，每年可供支配的闲暇时间是 150 天左右，约占到全年的 2/5。因此，如何度过数量如此庞大的闲暇时光，需要认真对待、合理规划。否则，既没有认真地学习、工作，也没有让自己身心愉悦、自我满足，那就是巨大的损失了。

要做好休闲活动的管理，可以从以下几点来考虑：

符合自己的时间和消费特点

休闲活动种类繁多，他人从事起来非常切合的，对你未必适用。有些活动需要很多时间，有些需要很多费用，有些需要条件支持，故选择休闲活动一定要适合自己。在选择休闲活动时，需要考虑自己的时间和经济情况。对于还在上学的学生来说，选择花费不太高、时间上与学习不冲突的休闲项目，是比较理想的。此外，在选择休闲项目时，一定要保证安全，避免选择太过冒险的活动。如果要从事有风险的活动，一定要作好充足的准备。

符合自己的性格特点

不同的休闲活动适合于不同性格的人。如果自己是一个内向的人，就没必要强迫自己选择团体式的活动，可以考虑一个人进行的项目，如慢跑、游泳、书法、摄影等；如果自己是一个热心的、乐于助人的人，则可以考虑参加一个志愿者组织，定期地做一些公益事情。总之，符合自己个性特点的活动，可以使人更容易得到内心的满足，更少体验到冲突。

符合自己的需要

按照马斯洛的理论，人们有五种需要：生理需要、安全需要、爱和归属需要、尊重需要以及自我实现的需要。有些同学在班级中没有机会当班干部，那么到某个符合自己特长的社团组织中担当领导角色，就是利用休闲活动满足自己"被尊重"的需要；在专业课上能力得不到充分发挥，那就到自己喜欢的领域充分发挥自己的创造性；身体健康需要有所保障，那么明确固定一个运动项目，就是好的选择。

心灵训练

1. 回顾自己一年来在闲暇时间从事最多的五项活动，按照频率和所花时间的多少列在下面，并总结这些活动给自己带来的收获，以及自己是否要坚持下去。

活动名称	每周平均花费时间(小时)	喜欢程度(最高5分)	有何收获	是否坚持

2. 讨论：

(1)与前排或者后排的同学分享自己的休闲活动，说明从事这项活动的利与弊。

（2）给他人的休闲活动提出建议，指出有哪些可以改进的地方。

心灵拓展

根据你对休闲活动的了解，请以一个你很感兴趣却一直没有从事的活动为例，评估你无法从事的原因，并针对各种原因提出你的改善方法。